Fritz Herdi   ... und Fluggepäck in Rio!

… und Fluggepäck in Rio!

Eine weitere Flugfracht von Anekdoten,
Witzen und Kuriosa rund ums Fliegen,
lachend und lächelnd erzählt
von Fritz Herdi.

Nebelspalter-Verlag Rorschach

Die Illustrationen
stammen aus der Sammlung
von Hans A. Jenny

Alle Rechte vorbehalten
© 1987 Nebelspalter-Verlag Rorschach
Druck: E.Löpfe-Benz AG, Rorschach
Printed in Switzerland
ISBN 3 85819 103 5

Kann überflogen werden

So zahlreich wie beliebt sind Scherze und Episoden rund um das Fliegen, dass sich der Autor dieses (hoffentlich) heiteren Bändchens mit Vergnügen der Aufgabe widmete, der ersten Sammlung «Kommt ein Vogel geflogen» diese zweite mit dem Titel «... und Fluggepäck in Rio!» folgen zu lassen. Wobei er an das Scherzwort über die moderne Fliegerei dachte: Frühstück in Paris, Lunch in New York, Dinner in Los Angeles – und Gepäck in Rio.

Ehrlich: Der Buchtitel war das einzige, was mir an der ganzen Sache Mühe machte. Ich liebäugelte lange mit dem Idealtitel: «Nur fliegen ist schöner.» Aber ich wusste nicht genau, wem dieser bestechende Satz eigentlich gehört. Vermutlich war's der Slogan einer Autofirma in früheren Jahren. Riskieren oder nicht riskieren? Kaum war ich zum Risiko entschlossen, trudelte aus einem Nachbarland der Hinweis ein: Es gibt schon ein Buch mit diesem Slogantitel.

Aus. Ewig schade. Es wär' zu schön gewesen. Denn der Beweis für die Eingänglichkeit des lapidaren «Nur ...»-Satzes liegt dutzendfach vor. Da liess sich doch vor manchem Jahr schon ein Hersteller besonders anliegender Jeans-Kleider inspirieren: «Nur Haut passt besser.» Dann kam ein grosses Schweizer Geschäft mit dem Ausverkauf-Slogan: «Nur nichts kaufen ist billiger.»

Worauf ein glänzender Kolumnist antippte, er halte es durchaus für möglich, dass das alles erst der Anfang einer langen Reihe geflügelter «Nur»-Worte sei. Er sah ungewöhnliche Möglichkeiten, mit dem Zauberwörtchen «nur» zu werben. Beispiel: Plakat mit der neuesten superleichten Zigarette: «Nur Nichtrauchen ist leichter.» Oder statt dessen vielleicht auch: «Nur reiner Sauerstoff ist weniger nikotinhaltig.» Oder: «Nur Atmen ist bekömmlicher.»

Der Kolumnist machte weitere Vorschläge. Für den Metzger: «Nur Truthahn schmeckt mehr nach Kalbfleisch.» Für Doktor Atkins mit seiner Diät: «Nur Tote nehmen schneller ab.» Für eine Boulevardzeitung: «Nur Analphabeten fällt das Lesen leichter.» Für das Buch des Filmschauspielers C. J., der mit 60 noch kein bisschen weise war: «Nur Langeweile ist langweiliger.» Im weiteren munterte der Kolumnist (er hiess übrigens Werner Wollenberger) seine Leser auf: «Nuren Sie mit! Nur Blödeln ist intelligenter!»

In der Tat ging die «Nur»-Saat auf. So schuf der «Playboy» einen Slogan; den muss ich Ihnen, geschätzte Leserinnen und Leser, vorenthalten. Aber in Zürich-Oerlikon las ich im Sommer 1986 an einem Schuhgeschäft: «Nur barfuss gehen ist billiger.» Ein Bericht über Motorfahrräder trug den Titel: «‹Mofeln› ist fast so schön wie fliegen.» In einer Glosse vom 22. Juli 1985 («Tages-Anzeiger», Zürich) zuhanden der SBB: «Nur fliegen ist teurer.» Eine Schweizer Brauerei übers Biertrinken: «Nur fliegen ist schöner!» Desgleichen eine Reisen AG für ihren Luxus-Car-Service. Ein Gratulant zum 90. Geburtstag der «Schweizerischen Wirte-Zeitung»: «Nur wirten ist schöner!» Eine Bank für ihren Ertragszinssatz: «Nur betrügen ist einträglicher.» Die «Stern»-Illustrierte in einem andern Zusammenhang: «Nur Ostfriesen handeln doofer.»

Zum neuen Volkssport Windsurfen formulierte freilich einer: «Nicht mal fliegen ist schöner.» Und eine amerikanische Autofirma: «Auto fahren ist fast immer besser als fliegen. Es sei denn, Sie wollen über den Ozean reisen.» Dann aber werbend für die phantastische «Concorde»: «Nur Astronauten fliegen schneller.» Endlich eine oberbayrische Reisefirma mit «Rund-um-die-Welt»-Flügen: «Nur Vögel fliegen billiger.» Und zu guter Letzt ein deutscher Spezialist für Günstigflüge: «Nur schwimmen ist billiger.»

Der Beispiele sind Legion. Nur ... nur ... das nützt mich alles nichts. Denn ausgerechnet ich konnte meiner flugheiteren Sammlung nicht den Titel geben, der sie so schön geschmückt hätte: «Nur Fliegen ist schöner!» Item, der langen Schreibe kurzer Sinn: Ich wollte dem Leserpublikum einfach erklären, warum dieses Büchlein «... und Fluggepäck in Rio» heisst. Und ich suche Trost in einem Glas Rotwein, wozu ich freilich nicht formulieren kann: «Nur Schweizer Rotweine sind billiger.»

Und damit: Viel Vergnügen bei der Lektüre!

Frühjahr 1987   *Fritz Herdi*

Geflügelte Scherze

Das Flugzeug kann nicht starten. Grund: Leck im Benzintank. Die Passagiere werden vertröstet. Mit zwei Stunden Verspätung werde man losfliegen können.
Sagt einer, Blick auf die Uhr: «Wenn dem so ist, komme ich nicht rechtzeitig zu meiner Trauung auf dem Standesamt in London.»
Da legt ihm ein anderer Flugzeugpassagier eine Hand schwer auf die Schulter und fragt eindringlich: «Jetzt einmal ganz ehrlich, junger Mann: Sind vielleicht *Sie* der Kerl, der den Flugzeugtank angebohrt hat?»

Der Ölscheich hat sich in die Tochter eines Beduinenhäuptlings verknallt, den er im eigenen herrlichen Privatflugzeug mit allen Schikanen aufsucht. Stolz präsentiert er den Jet. Er sei als Hochzeitsgabe gedacht. Da brummt der Beduinenhäuptling: «Pfff, ein eigenes Flugzeug hat heutzutage fast jedermann. Aber wie wär's mit ein paar Kamelen?»

Eine kurzsichtige Flugpassagierin erwischte nachts statt der WC-Türe die Cockpittüre, sah dort den Flugkapitän und den Copiloten vor dem Bildschirm des Bordradars, kam empört zurück und beschwerte sich bei der Hostess: «Das ist ja allerhand, da hocken zwei Männer auf dem WC und schauen Fernsehen.»

Weit und breit kein Festland in Sicht. Und im Flugzeugtank kein Benzin mehr. «Was mache ich jetzt?» sagt resigniert ein Passagier, als er davon erfährt. Worauf die Hostess: «Ganz einfach, sprechen Sie mir nach: ‹Im Namen des Vaters und des Sohnes und des Heiligen Geistes ...›»

Zwei Frauen unterhalten sich im Flugzeug. Die eine bittet die Stewardess: «Sagen Sie dem Flugkapitän, er solle nicht schneller fliegen als der Schall! Wir wollen ja miteinander plaudern.»

«Denken Sie, mein Mann erlernt jetzt das Flaggenalphabet.»
«Aha, er will also sein Pilotenbrevet machen!»
«Nein, aber er arbeitet seit kurzem in einem Grossraumbüro mit dreissig Schreibpulten.»

Es sagte der Pilot der entführten Maschine:
«Das ist der Flug der bösen Tat!»

Zwei Fallschirmspringer auf dem Weg nach unten. Der eine zum andern: «Mein Fallschirm öffnet sich auch nicht. Gut, dass es nur ein Übungsspringen ist.»

Hawaiis Fluglinie fragt auch nach dem Gewicht der Passagiere. Das Fräulein am Schalter zu einem Passagier:
«Wieviel wiegen Sie?»
«Mit Kleidern oder ohne?»
«Das hängt davon ab, wie Sie zu reisen gedenken.»

Jahre nach der Pilotenschule begegnen sich zwei Fliegerkameraden wieder. Nach dem üblichen «Wie geht's?» fragt der eine: «Hast du Kinder?» Worauf sein Freund in der Fliegersprache: «Jawohl, zwei – eines auf der Piste, das andere noch im Hangar.»

Grosspanne im Flugzeug über dem Meer. Auf die Frage, ob ein Geistlicher anwesend sei, meldet sich ein freundlicher, würdiger Herr. «Okay», sagt darauf der Pilot, «alle andern ziehen Schwimmwesten an, und Sie sprechen ein Gebet! Wir haben nämlich eine Schwimmweste zuwenig.»

Die gesetzte Frau tritt den ersten Flug ihres Lebens an und bittet beim Einsteigen: «Ich möchte einen Fensterplatz, ich hab' immer gern ein bisschen frische Luft.»

«Wo waren Sie in den Ferien?»
«In Mallorca.»
«Mallorca? Wo liegt denn das?»
«Keine Ahnung. Wir sind geflogen.»

Sie schmollt: «Früher rühmtest du immer, ich hätte eine rassige Postur wie ein Segelflugzeug.» Er gemütlich: «Nun ja, ‹Flugzeug› stimmt immer noch, nur erinnerst du heute eher an einen Jumbo-Jet.»

Ein auch in den achtziger Jahren noch oft zitierter Scherz. Frage: Der Unterschied zwischen Tierschutz und Luftschutz. Antwort: Der Tierschutz ist für alle Tiere, der Luftschutz nur für die Katz.

Fluggast zur Hostess: «Wo sind wir jetzt?» Sie stumpf: «Auf 6000 Meter über Meer.»

Durchsage im Ferienjet: «Meine Damen und Herren, wir müssen in wenigen Minuten auf dem Wasser notlanden. Wir wünschen den Schwimmern eine gute Weiterreise und verabschieden uns von den Nichtschwimmern.»

Über dem Atlantik: Triebwerkstörung bei einer Maschine der «Air Fresh» (Phantasiename). Der Captain entschliesst sich zur Notwasserung und sagt im Lautsprecher an: «Meine Damen und Herren, wir können die Küste nicht mehr erreichen und müssen wassern. Passagiere, die schwimmen können, bitte zum Notausgang über dem linken Flügel. Nichtschwimmer bitte zum Notausgang über dem rechten Flügel. Weitere Mitteilung folgt.»
Und der Captain etwas später: «Die Notwasserung

steht unmittelbar bevor. Die Passagiere über dem linken Flügel: bitte an Land schwimmen! Die Passagiere über dem rechten Flügel: Herzlichen Dank für Ihr Vertrauen zur Air Fresh!»

Englisch: «Thank you for flying Air Fresh.»

Hochzeitsreise per Flugzeug in die Karibik.
Die junge Frau plötzlich: «Mir ist übel.»
Der junge Gatte: «Wenn du in mich verliebt bist, solltest du vielleicht an mich denken und nicht ans Fliegen.»
Die junge Frau: «Ja, Schatz, aber was mache ich auf dem Rückflug?»

Auf einer Party trägt eine Frau ein tief dekolletiertes Kleid und im Ausschnitt an einer Kette ein kleines goldenes Flugzeug. Ein junger Mann kann den Blick nicht von diesem Bild wenden, bis endlich die Frau sagt: «Das Flugzeug gefällt Ihnen offenbar.» Woraufder junge Mann: «Der Flugplatz noch viel besser.»

Zwei Schwalben höckeln auf einem Draht und sehen einen Düsenjäger vorbeisausen.
Die eine Schwalbe: «Der fliegt aber bedeutend schneller als wir.»
Die andere: «Wir wären auch schneller, wenn unser Hintern brennen würde.»

Die Mutter begleitet ihre Tochter zum Flughafen. Und ermahnt: «Sei immer schön brav. Und wenn du nicht brav sein kannst, sei wenigstens vorsichtig.»

Ein Flugpassagier nach beruhigenden Worten des Flugkapitäns über den Bordlautsprecher zur Hostess: «Fräulein, wenn doch angeblich an Bord alles in Ordnung ist und kein Grund zur Beunruhigung besteht: Warum wird denn seit einer Minute der Trauermarsch von Chopin gespielt?»

Stimme des Flugkapitäns aus dem Bordlautsprecher: «Meine Damen und Herren, wenn Sie links aus dem Fenster schauen, sehen Sie eine brennende Tragfläche. Wenn Sie rechts aus dem Fenster schauen, sehen Sie unten eine kleine Insel und daneben ein gelbes Schlauchboot, aus dem ich jetzt zu Ihnen spreche.»

Laut Drehbuch muss ein Filmschauspieler mit dem Fallschirm aus dem Flugzeug abspringen.
Der Regisseur erklärt ihm: «Nach dem Sprung auf drei zählen, dann die Leine ziehen.»
Schauspieler: «Und wenn er sich nicht öffnet?»
«Dann verklagen Sie die Firma, die den Fallschirm geliefert hat.»

Heiri und Kari, es ist ordentlich lange her, besichtigen Flugzeuge. Heiri behauptet: «Die Luftkisten fliegen mit dem Propeller.» Kari widerspricht: «Nein, die fliegen mit den Flügeln. Die Propeller sind nur für die Lüftung da. Ich hab's selber gesehen auf einem Alpenflug. Du hättest sehen sollen, wie dem Piloten der Schweiss von der Stirne rann, als der Propeller nicht mehr rundum ging!»

Bankier zu einem Freund: «Ich mache mir Sorgen. Einer meiner Kassiere studiert in letzter Zeit alle Flugpläne.»
«Vielleicht organisiert er seine Ferien.»
«Mag sein. Aber warum hat er kürzlich, als er meine Frau umarmte, mehrmals ‹Geduld, nur noch ein bisschen Geduld!› geflüstert?»

Anekdotisches

Aufgrund der Dübendorfer Erfahrungen, wo sich ja auch der zivile Flugverkehr vor der Klotener Epoche abgewickelt hatte, plante der damalige FIG-Präsident (Flughafen-Immobilien-Gesellschaft), Brauereibesitzer Heinrich Hürlimann, in Kloten einen auf regen Wochenend-Zuschauer-Andrang ausgerichteten Gaststättentrakt. Tatsächlich waren beim Start der Flughafenrestauration in Kloten, 1953, die öffentlichen Gaststätten (Passagier-, Zuschauer- und Garten-Restaurant sowie Stehbar) recht dominierend. Werner Glinz, Patron der Flughafenrestaurants, erwähnte denn auch den Ausspruch eines Mitarbeiters der ersten Stunde: «Man hat den ersten Flughof um einen Bierbecher herumgebaut.»

Aus dem Crossair-Anekdotenschatz: Auf seiner Schweizer Reise fliegt Papst Johannes Paul II. am 12. Juni 1984 mit dem nigelnagelneuen Cityliner der Crossair nach Lugano. Direktor Moritz Suter begrüsst ihn an Bord und teilt ihm mit, dass er weltweit der erste Fluggast in diesem Flugzeugmodell sei. Nach dem Start lädt er ihn ein, sich das moderne Cockpit anzusehen. Der Papst lässt sich das nicht zweimal sagen: Zwischen Captain und Copilot stehend, geniesst er den Flug über die Alpen und stellt eine Frage nach der andern. Seinen Spezialstuhl (umgebaut aus einem DC-10-Sitz der ersten Klasse) verschmäht er. Und auch während des Landeanflugs macht der Papst keine Anstalten, zu seinem Sitz zurückzukehren. Der Captain und der päpstliche Leibwächter bitten Crossair-Direktor Suter, den prominenten Gast zu bewegen, sich vorschriftsgemäss zu setzen und anzuschnallen. Doch Suter resigniert: «Dem Heiligen Vater kann ich nichts befehlen.» So bleibt Papst Johannes II. eben stehen, bis das Flugzeug am Ausrollen ist.

Seit 1982 können Rundflüge mit der Ju-52 gebucht werden. Die drei in Dübendorf stationierten sind die einzigen Originalflugzeuge dieses Typs auf der Welt, und nach Angaben eines ihrer Piloten, Willy N. Frick, werden diese legendären «alten Tanten» mindestens das Jahr 2000 erleben. Von den rund 5000 dreimotorigen Ju-52, die nach 1932 die Junkers-Werke in Dessau verliessen, bestellte die schweizerische Luftwaffe 1939 drei Stück, überzeugt von deren offenkundigen Vorzügen. Sie trafen im Oktober, schon nach Kriegsausbruch, in Dübendorf ein. Im Herbst 1981 sah sich der damalige Korpskommandant Arthur Moll, Chef der Fliegertruppen, schweren Herzens veranlasst, die drei Tanten auszumustern. Dank der beispielhaften Sammelaktion «Flieg weiter, Ju-52!» entgingen die Wellblechkisten indes dem Schicksal ihrer Artgenossen und wurden gerettet. Initiant der Rettungsaktion war Christian Gerber, damals Fliegeroberst und Vizedirektor des Bundesamtes für Militärflugplätze. Als Trägerschaft trat der Verein der Freunde des Museums der schweizerischen Fliegertruppe in Erscheinung. Ihre Betriebsorganisation ist ein Nonprofit-Unternehmen (fünfköpfiges vollamtliches Team, Rest der hundertköpfigen Vereinigung inklusive 23 Piloten, Hostessen und Mechaniker ehrenamtlich) und liefert sämtliche Überschüsse dem Dübendorfer Fliegermuseum ab.

Franz Josef Strauss, bayrischer Ministerpräsident, wurde 1984 von einer Illustrierten gefragt, was er an «Extras» mitnehmen würde, wenn er auf eine einsame Insel verbannt würde, wo alles Lebensnotwendige vorhanden sei. Beim Stichwort «Gesammelte Werke eines Dichters» entschied er sich für Rainer Maria Rilke. Bei «Gesammelte Kassetten eines Komponisten» für W. A. Mozart. Bei «Tier» für einen deutschen Drahthaar. Bei «Leckerbissen-Konserven, alle gleichen Inhalts» für Hummer. Und beim Stichwort «Besonderer Wunsch» antwortete Strauss: «Ein Hubschrauber».

Übrigens: Auf einigen deutschen Flugplätzen erhalten Sportflieger nach dem ersten Alleinflug eine Art

Ritterschlag: Der Pilot wird, wie Hannes Trautloft berichtet, über einen Stuhl gelegt und erhält von Fluglehrer und Fliegerkameraden Anerkennungsschläge auf den Popo. Trautloft, der seine Behauptung mit Photo belegt: «Von diesem Brauch blieb auch der damalige Bundesminister Franz Josef Strauss nach seinem ersten Alleinflug in Landshut nicht verschont.»

1985 erzählte Hans Benz als Stadtpräsident von Kloten und als Kaderangestellter der Swissair, nach dessen Angaben das erste Swissair-Flugzeug, von Kairo kommend, in Kloten landen konnte: «Die wenigsten Menschen, die heute auf dem Flughafen Kloten arbeiten oder als Passagiere die Flugzeuge in alle Welt benützen, können sich vorstellen, dass hier vor nicht allzu langer Zeit Wälder rauschten, Bauern ihre Sense schwangen und tausendfaches Fröschequaken die Luft erfüllte.» Die Volksabstimmung über den Bau des Flughafens Kloten fand am 5. Mai 1946 statt.

Die kalifornische Hausfrau Ann Shalla schlägt aus einer lästigen Angewohnheit Kapital. Sie kann so lange und so ansteckend lachen, dass sie auch müdeste Partymuffel auf Hochtouren bringt. Je Auftritt verdient sie 250 Franken.

Entdeckt wurde Ann Shalla und ihr mitreissendes Lachen im Jahre 1973, als sie losprustete, nachdem Pat Benson in einem Nightclub von Chicago den Witz erzählt hatte: «Ich bin von New York hierhergeflogen. Mein Gott, tun mir die Arme weh!»

Ein renommierter Privatflieger: Dirigent Herbert von Karajan, jahrzehntelang begeistert von schnellen Autos, von motorisiertem Wassersport. Und der italienische Dirigent Victor de Sabata empfing Karajan, als dieser in Mailand zu einer Vorstellung an der «Scala» eintraf, mit den Worten: «Sind Sie noch mit dem Flugzeug oder schon mit dem Unterseeboot gekommen?»

US-Präsident Ronald Reagan pflegte über Jahrzehnte hinweg eine, wie er betonte, authentische Anekdote aus dem Zweiten Weltkrieg zu erzählen: Über dem englischen Kanal stürzte ein B-17-Pilot freiwillig mit seinem brennenden Bomber ab, statt sich mit dem Fallschirm zu retten, weil er einen eingeklemmten Kameraden nicht im Stich lassen wollte. Das von Funkern mitgehörte letzte Gespräch der beiden endete mit den Worten: «Reg dich nicht auf, Sohn. Wir gehen zusammen runter.»

1984 gab Reagan die Geschichte bei einem Treffen mit Trägern des Kriegsordens «Medal of Honor» wieder einmal zum besten. Die *New York Daily News* berichteten darüber, und als der Kriegsveteran Dominic Antonucci die Anekdote las, wusste er sofort: Reagans Heldenstück ist eine Kinoschnulze. Er kannte die Szene samt dem von Reagan wiedergegebenen Schlusswort aus dem Film «Wing and a Prayer». Antonucci, laut Hamburger *Stern:* «Ich sah den Film 1944 auf dem Flugzeugträger ‹Wasp›, und wir lachten über seine Abgeschmacktheit.»

Bei einer Feuerwehrübung 1985 auf dem Flughafen Kloten, an der eine Caravelle verbrannt wurde, war auch Waffenplatzverwalter und Klotener Gemeinderat Meinrad Binkert als interessierter Zuschauer zugegen. Als die Caravelle lichterloh brannte, entstand eine Wärme, die an diesem heissen Spätsommertag den Schweiss aus den Poren trieb. Waffenplatzverwalter Binkert brummte laut lokalem Blatt friedlich vor sich hin: «Die hätten die Übung gescheiter im Winter durchgeführt.» Und dann, als Kerosin explodierte, strahlend: «Just wie beim Sechseläuten, wenn sie den Böögg verbrennen.»

Zeitweise vermietete Dirigent Herbert von Karajan sein «Beechcraft»-Flugzeug, wenn er es nicht selber brauchte. Sein Sekretär André Mattoni schuf dazu den Namen «Karajan-Airlines». Im übrigen war Karajan enorm emsig in der halben Welt von Gastspiel zu Gastspiel geflogen. Kabarettist Georg Kreisler befasst sich damit in seiner «Karajan-Arie» nach Rossinis *Barbier*-Monolog: «Karajan oben – Karajan unten – Karajan links – Karajan rechts – Alle Welt ruft nach mir – will mich bald dort, bald hier, Karajan, Karajan, Karajan ... zuviel, zuviel, ich kann nicht mehr.»

Zügig Karajan auch beim Skilaufen. Im Engadin liess er sich manchmal mit dem Helikopter zu den Pisten fliegen, weil's ihm mit den Skilifts zu langsam ging. So schaffte er an einem einzigen Tag drei flotte Abfahrten: Piz Corvatsch, Piz Nair und die Diavolezza.

Als 1927 eine britische RAF-Staffel zum Appell antrat, kam auch ein lausig angezogener Flieger mit zu grossem Waffenrock und schlecht gewickelten Gamaschen daher. Der Feldweibel, neu in der Staffel, schickte den Mann zurück mit dem Auftrag, befehlsgemäss mit sämtlichen Auszeichnungen zum Appell anzutreten. Etwas später meldete sich der Mann, diesmal mit einer Unmenge Orden am Waffenrock und mit Auszeichnungen um den Hals. Der Feldweibel bekam beinahe einen Herzanfall. Was er nicht gewusst hatte: Der Flieger war T. E. Shaw, als «Lawrence of Arabia» berühmt geworden und damals bei der Royal Air Force untergetaucht.

Redaktorin Dr. Charlotte Peter von der *Züri Woche* erzählte 1985: «Da war das Ehepaar, das eine Pauschaltour nach Haiti gebucht hatte und nun darüber stritt, ob Haiti und Tahiti dasselbe sei. Schliesslich wetteten sie um eine Flasche Wein und fragten dann den Reiseleiter. Dieser aber kommentierte kühl: ‹Es sind zwei verschiedene Inseln, die eine im Pazifik, die andere in der Karibik, also etwa 10 000 Kilometer voneinander entfernt. Doch wir profitieren davon, dass manche Leute den Unterschied nicht kennen.›»

Im Jahre 1934 wollte Churchill fliegen lernen. Nachdem er drei Lehrer beinahe umgebracht hatte, verzichtete er. Und er sagte: «Vergessen Sie nicht, dass ich meine Laufbahn als Kavallerist in der Armee der Königin Viktoria und Kiplings begonnen habe. Welche Lebensform kann mich da noch befriedigen?»

Ein noch heute gängiger Spruch unter Schweizer Piloten: «Seine Eltern waren anständige Leute, er aber wurde Flieger.» Diese Formulierung findet sich auch in einem im Zweiten Weltkrieg erschienenen Buch Carl Hanels, in dem man diese Definition des Fliegers findet: «Flieger, Abart des Homo sapiens, die, mit einem kleinen Knall behaftet, die Luft bevölkert und nach dem Motto lebt: ‹Die Flieger sind ein sonniges Land, und Frühstück ist ihre beste Jahreszeit.› Wesen und Art der Flieger werden am besten demonstriert durch das Sprichwort: ‹Seine Eltern waren anständige Leute, aber er ging unter die Flieger.› Sonst gehört der Flieger zu den harmlosen Arten der Gattung Säugetiere.»

Eine besorgte Mutter warnt ihren für die Pilotenschule gemeldeten Sohn: «Behüt dich Gott, flieg nie zu hoch und nie zu schnell!»
Gut gemeint. Aber in Tat und Wahrheit komplett verkehrt.

So oder so: Drachenfliegen ist nicht gefahrlos. Im Juni 1984 wurde gemeldet: Rund 2500 Meter über den südlichen Alpen, 60 Kilometer westlich von Trient, hat ein Adler den italienischen Drachenflieger Fabio Valentini angegriffen. Valentini konnte unversehrt landen, obwohl der Raubvogel seinen Flugdrachen erheblich beschädigt hatte. Als der Adler angriff, versuchte Valentini im Sturzflug zu landen. Das Tier jagte dem Drachenflieger nach und beendete die Verfolgung etwa 100 Meter über dem Erdboden.

Lange nicht jeder Koffer erreicht das Flugziel gleichzeitig mit seinem Besitzer. Als besonders unsicher gelten in dieser Beziehung der John-F.-Kennedy-Flughafen in New York, der Leonardo-da-Vinci-Flughafen in Rom und der Londoner Flughafen Heathrow. Immerhin werden 90 Prozent der vorübergehend verloren gegangenen Koffer den Besitzern innert drei Tagen, weitere acht Prozent innert dreier Wochen nachgeschickt.

Wie Jason Berry berichtet, öffneten in einem knifflige Fall die Angestellten des Fundbüros der British Airways in Heathrow einmal einen unmarkierten Koffer. Als einzigen Anhaltspunkt fanden sie eine Zeitung mit geschädigtem Streifband, auf dem nur noch der Name der Strasse und die Hausnummer zu lesen waren. Danach wurden Postkarten nach Ortschaften verschickt, in denen es eine Strasse dieses Namens gibt, mit der Anfrage, ob die Empfänger in letzter Zeit etwas auf einem Flug verloren hätten. Der Gesuchte war dabei!

1968 reimte Fritz Senft punkto Luftpiraterie unter anderem: «Maschine gezwungen, vom Kurs abzubiegen / und statt nach Honduras nach Kuba zu fliegen. / ‹Belieben Sie bitte, Herr Chefpilot, / auf unser Kommando sich umzustellen, / sonst lassen wir den Revolver bellen – / doch lieber Havanna, als kalt und tot.›»
Damals erwähnte einer an «zeitgemässen Berufen»:
Weltraumfahrer = Astronaut
Luftpirat = Castronaut

Der heitere amerikanische Autor Art Buchwald fühlte sich auf Flügen irritiert durch Mitteilungen von Flugkapitänen an die Passagiere, wenn's um kleine Pannen und unerwartete Flugkomplikationen ging. Er sei, notierte er dazu, zwar für Wahrheit über die Werbung, über das Ratenzahlungssystem, über das Verbraucherverhalten. Aber: «Das einzige Thema, bei dem ich der Ansicht bin, dass die Leute überhaupt nichts wissen sollten, ist ‹die Wahrheit übers Fliegen›. Sie sollte den Vögeln vorbehalten bleiben.»

Der Flugzeugkonstrukteur Ernst Heinkel (1888 – 1958) absolvierte im Jahre 1911 auf dem Cannstatter Rasen einige kurze, erfolgreiche Flüge. Aber als er eine enge Kurve fliegen wollte, stürzte er ab. Der arg Verletzte wurde aus den Trümmern geborgen und spöttelte trotz seiner grossen Schmerzen: «Offenbar habe ich mich verflogen.»

Professor Jacques Charles, der Erfinder des Gasballons und fast aller Mittel, aller künstlichen Vorrichtungen und aller sinnreichen Vorsichtsmassnahmen, deren sich die Ballonschiffahrt bis heute bedient, hat am 1. Dezember 1783 seine Erfindung ausprobiert und eine überaus erfolgreiche Luftfahrt gemacht. Merkwürdigerweise wiederholte der Physiker seinen Versuch nie wieder, weshalb Condé höhnte: «Er hatte eben nur an diesem einen Tage Mut.»

Als erster Mensch wagte Pilâtre de Rozier eine Ballonfahrt, nachdem er den Franzosenkönig davon hatte abbringen können, als erste menschliche Versuchskaninchen zwei Schwerverbrecher «hochgehen» zu lassen. Zeuge dieses ersten Ballonfluges mit Menschenlast war – im November 1783 – Benjamin Franklin, und als einer in seiner Gegenwart fragte: «Wozu können die Luftballone jemals dienen», reagierte der Amerikaner: «Wozu kann ein neugeborenes Kind dienen?»

Über viel Ärger mit Nichtrauchern klagte 1984 Sprecher Klaus Busch von der Lufthansa. Denn: Weil die Lufthansa in ihren Boeings 727 und 737 die Raucher und Nichtraucher in Längsrichtung nur durch den Mittelgang trennt, müssen Nichtraucher zuweilen mitrauchen. Ein Lufthansa-Kunde, ein Düsseldorfer Frauenarzt und Vielflieger, hat die Gesellschaft sogar verklagt und Schmerzensgeld verlangt, weil er sich durch den blauen Dunst in den Flugzeugen belästigt fühlt.
Der Name des Klägers übrigens, ausgerechnet:
Dr. Christian Pilot.

Sultan Ibn Salman, Saudi-Prinz, begann 1985 im US-Raumfahrtzentrum Houston mit dem Trainig für seinen Einsatz als Nutzlast-Spezialist bei der nächsten Mission der amerikanischen Raumfähre «Discovery».
Während der gelernte Jet-Pilot mit den körperlichen und technischen Anforderungen keine Probleme hatte,

machte sich der gläubige Moslem über seine religiösen Pflichten im Fastenmonat Ramadan Gedanken. Wer auf Reisen ist, wusste dazu das Nachrichtenmagazin *Der Spiegel*, muss allerdings nach dem Koran nicht fasten, und statt fünf reichen drei Gebete pro Tag. Für die rituellen Waschungen sah Sultan einen feuchten Waschlappen vor, Fusshalterungen sollten ihn in der Aufrechten stabilisieren. Blieb ein Problem: Wo liegt Mekka, wenn man alle 90 Minuten die Erde umkreist?

Ernst Heinkel, Schöpfer der Schnellverkehrsflugzeuge He 70 und He 111, war Schwabe. Eigenwillig dazu. Und er freute sich darüber, dass jemand in sein Gästebuch geschrieben hatt:

Uffrichtig und gradaus,
Gutmietich bis dertnaus,
Wenn's sein muss, au' saugrob!
Das ischt a' Schwob!»

Heinz Rühmann, der am 7. März 1982 seinen Achtzigsten feiern konnte, machte zwar in seinem Film «Quax der Bruchpilot» gemäss Rolle keine Bombenpilotenfalle. Aber er, der schon Ende der zwanziger Jahre fliegen gelernt hatte, war ein famoser und begeisterter Hobby-Pilot. Dazu dürfte nicht zuletzt seine Freundschaft ab 1932 mit dem Flieger Ernst Udet beigetragen haben.

In Filmen und Romanen kommen Testpiloten häufig als Frauenhelden vor. Wozu ein amerikanischer Fliegergeneral an einer Pilotentagung ironisch diese Episode erzählte: «Eines schönen Tages kommt die 76 Jahre alte Frau von der ärztlichen Untersuchung zurück. Aufgeregt läutet sie ihrem 82 Jahre alten Gatten, einem Testpiloten, auf dem Flugplatz an und sagt verstört: «Jetzt hast du's erreicht, ich bekomme ein Kind.» Darauf der Testpiloten-Senior unerschüttert: «Und mit wem spreche ich denn überhaupt?»

Ein Unterschied: Flieger wünschen sich «Hals- und Beinbruch», Ballonfahrer dagegen «Gut Land».
Und: Ein Flugzeug fliegt, ein Ballon fährt. Dies eine Nuance, die vor etlichen Jahrzehnten noch nicht existierte. Wer von Ballonfliegen redet, wird von Ballonfahrern sofort korrigiert. Und ein Pilot empfindet die Frage «Wohin fährst du?» als Kränkung.

Frühjahr 1984: Der deutsche Drachenflieger Ernst Witte kam im ostmalaysischen Bundesstaat Sabah zu Geld und Ehren. Die Regierung kaufte ihm für rund 5600 Mark das Fluggerät ab, mit dem der 46jährige vom höchsten Berg, dem 4101 Meter hohen Kinbalu, herabgeschwebt war, und ausserdem soll der Absprungpunkt zukünftig seinen Namen tragen.

Fliegen mit Muskelkraft im Aufwind: Am 19. Juni 1984 schafften es der 44jährige Münchner Amateur-Flugzeugbauer Günter Rochelt und sein 17jähriger Sohn Holger, mit ihrem fliegenden Fahrrad, ihrem dank ultraleichten Kunststoffen nur 28 Kilo schweren Muskelkraft-Flugzeug Musculair I, auf dem Flughafen Neubiberg den von dem britischen Industriellen Henry Kremer ausgeschriebenen Preis für die Überwindung einer 1600 Meter langen Strecke in Form einer liegenden Acht zu erringen. Einige Wochen später gelang ihnen auch noch ein Geschwindigkeitsrekord über ein 1500 Meter langes Dreieck, das in einer Zeit von weniger als drei Minuten abgeflogen sein musste. Muskelprotz Holger schaffte es in 166 Sekunden. Damit schlugen die Nachfahren des Ikarus die amerikanische Konkurrenz klar.

Nach einem Lufthansa-Streik prangte ein grosses Inserat in der Londoner *Times*: «Lufthansa bedauert es, BOAC, PANAM und TWA (Radio DRS sagte einmal so schön «Tidöbeljuei») mitteilen zu müssen, dass ‹wir jetzt wieder im Geschäft sind›.»

Lale Andersen, im Zweiten Weltkrieg durch die Schallplatte «Lili Marleen» (Musik von Norbert Schultze, Text von Hans Leip) weltbekannt geworden und nachmals mit dem Schweizer Schlagerkomponisten Artur Beul verheiratet, war schon vor dem Krieg Sängerin gewesen. 1938 trug sie das Lied, das Goebbels als «Schnulze mit Totentanzgeruch» abtat, im Berliner Kabarett der Komiker vor. Und Anfang der dreissiger Jahre warb sie singend und sich selber auf dem Akkordeon begleitend an einer grossen Berliner Messe, mitten in einem gestellten Camping- und Picknickidyll an ein Sportflugzeug auf künstlichem Rasen gelehnt, fürs Fliegen, für den Wochenendausflug zu zweit in der Sportmaschine. Der Refrain wurde zum Ohrwurm in Berlin: «Lasst die Motoren singen, / lasst die Propeller schwingen, / wir fliegen in den Sonnenschein, / wir fliegen in die Welt hinein.»

Nach Angaben von Reader's Digest müssen bei der Musterung von Flugzeugbesatzungen für die British Air Force Kandidaten je eine hypothetische Frage beantworten, auf die es keine richtige Antwort gibt. Bei der anschliessenden Diskussion wird des Bewerbers Reaktion beobachtet.

Dies war die Knacknuss für einen Kandidaten: «Sie fahren an einem bitterkalten Tag in einem zweisitzigen Sportwagen die Strasse entlang und sehen an einer Bushaltestelle drei Personen stehen: Ihre alte, an Arthritis leidende Nachbarin, einen Chirurgen, der Ihnen einmal das Leben gerettet hat, und eine hübsche junge Dame, die Sie schon lange näher kennenlernen wollten. Wen nehmen Sie mit?»

Drauf der Kandidat ohne Zögern: «Ich gebe dem Arzt die Wagenschlüssel und bitte ihn, die alte Dame mitzunehmen, und ich selber warte zusammen mit dem jungen Mädchen an der Bushaltestelle.»

Meldung aus Denver im Juni 1984: Fernsehteams und Reporter standen vor dem Cockpit einer Boeing 737 Schlange, um einen Blick auf die erste ausschliesslich weibliche Besatzung bei einem Zivilflug in den USA zu werfen. Nach einer Mitteilung der «Frontier Airlines» kam das Ereignis freilich nur durch Zufall zustande.

Pilotin Emily Warner und Copilotin Barbara Cook seien dem Flugplan zufolge einfach «an der Reihe» gewesen, den Flug von Denver nach Lexington zu übernehmen. Emily Warner war 1973, sechs Jahre lang hatte sie sich um diesen Platz bemüht, als erste Pilotin einer grösseren US-Fluggesellschaft von «Frontier Airlines» eingestellt worden.

Am 5. August 1984 mit Photo in der Zeitung: Edwina Mackenzie vor dem Abflug vom Londoner Flughafen Heathrow zurück in ihr Heim nach Hermosa Beach (USA). Ihren 100. Geburtstag wolle sie, liess sie wissen, im Überschallflugzeug Concorde feiern.
Das Pikante: Edwina Mackenzie war die vermutlich älteste Überlebende der «Titanic»-Katastrophe. Als der britische Luxusdampfer am 14. April 1912 im Atlantik sank (1513 von 2224 Passagieren starben), war Edwina 27 Jahre alt: «Ich war auf ein Abenteuer aus, und ich hatte es, weiss Gott, gefunden.»

In den siebziger Jahren teilte ein Leser der Monatszeitschrift *Das Beste* mit: Wir flogen mit einer alten, klapprigen Propellermaschine zum Truppenübungsplatz. Plötzlich bemerkte ich von meinem Fenster aus, dass einer der Motoren Öl verlor. Der dunkle Saft quoll in einem dicken Strahl aus dem Gehäuse hervor, breitete sich über die Tragfläche aus und tropfte ins Leere.
Nachdem ich mir das eine Viertelstunde lang mitangesehen hatte, wurde es mir langsam unheimlich. Ich rief den Bordingenieur und zeigte ihm die Bescherung. Der aber lachte nur und sagte: «Machen Sie sich keine Sorgen. Solange noch etwas kommt, ist offensichtlich noch etwas drin.»

Der amerikanische Flugzeugingenieur Murphy sagt zum einen: «Wenn etwas schiefgehen kann, dann geht es auch schief.» Und zum zweiten: «Wenn etwas gut ist, wird es nicht mehr hergestellt.»

Der sarkastische und gefürchtet-bissige Theaterkritiker Alfred Kerr war schon 53, als seine Frau ihm in Berlin 1921 einen Sohn Michael Kerr gebar. Im März 1933 ergriff der Jude Kerr samt Familie mit sicherem Instinkt die Flucht nach Prag. 1935 Weiterreise nach England.

Michael Kerr, heute einer der 21 Richter des Londoner Court of Appeal, des höchsten Berufungsgerichts, und von der Königin geadelt, bewarb sich im Zweiten Weltkrieg bei der Air Force, der britischen Luftwaffe. Man nahm ihn. Ein Beamter fragte ihn, was denn mit ihm geschähe, würde er über Deutschland abgeschossen. Ob er wohl als Kriegsgefangener behandelt würde? Kerr: «Ich sagte, ich weiss es nicht – aber ich glaube es nicht ...»

Kerr wurde für lange Zeit Fluglehrer, flog dann den Bomber «Wellington» und monatelange Einsätze nicht über Deutschland, sondern gegen deutsche U-Boote und Schnellboote über dem Kanal.

Beim Stöbern in einer Publikation der Crossair gefunden: 16. Februar 1980: Im «Arvenstübli» des Hotels Schweizerhaus in Maloja (Kanton Graubünden) wird hart verhandelt, seit einer Woche schon. Der neue Crossair-Verwaltungspräsident Wiederkehr und der Crossair-Direktor Suter versuchen den Vertretern vom Metroliner-Hersteller Fairchild klarzumachen, dass sie eine stärkere, wirtschaftlichere und leisere Ausführung dieses Flugzeuges brauchen. Die Debatte wogt hin und her, abwechselnd verlassen die beiden Delegationen den Raum, um ihre Taktik zu überdenken. Irgendwann nach Mitternacht nimmt die Lösung (später heisst sie Super Metroliner III) plötzlich Gestalt an. Da schlagen die Crossair-Vertreter zu: Auf einer über und über mit Fettflecken von echtem Schweizer Raclettekäse «verzierten» Papierserviette setzen sie einen Kaufvertrag für vorerst vier der soeben «kreierten» Flugzeuge auf. Das Dokument wird unterzeichnet und bis zum heutigen Tag von beiden Seiten als rechtsgültig anerkannt...

1962 erzählte ein Mitarbeiter des *Nebelspalters*: «Eigentlich eine kuriose Art aktiver Lärmbekämpfung, wenn jemand wegen jeder wirklichen oder vermeintlichen Belästigung zum Schuh oder Besen greift und damit auf den Fussboden oder an die Zimmerdecke zu poltern beginnt. Unsere sensible ‹Untermieterin› treibt das bereits so weit, dass sie sogar jedesmal an die Decke klopft, wenn ein Flugzeug übers Haus surrt ...»

Theodor Storm 1966 mit Variante: «Das macht, es hat die Nachtigall / die ganze Nacht gesungen. / Da sind von ihrem süssen Schall, / da sind in Hall und Widerhall / die Rosen aufgesprungen.»
Die Variante von 1966: «Das macht, es hat mit Überschall / ein Flieger sich aufgeschwungen. / Da sind von seinem harten Knall, / da sind, wenn auch nicht überall, / die Fensterscheiben gesprungen.»

Israels einstige Ministerpräsidentin Golda Meir verglich in einem Interview das Altwerden mit einem Flug durch ein Gewitter: «Was kann man machen, wenn man in so einem Flugzeug sitzt? Man kann weder die Maschine anhalten noch dem Gewitter Einhalt gebieten. Genausowenig kann man die Zeit anhalten. Das beste ist, man schickt sich ins Unabänderliche.»

Im Sommer 1986 landete Albert Maltret, 50, mit seinem einmotorigen Sportflugzeug auf den Champs-Élysées, mitten im Herzen von Paris. Die Maschine zog zuerst eine Schleife über der Place de la Concorde und setzte direkt vor dem Arc de Triumphe auf. Der Pilot wurde verhaftet.

Erstmals nimmt die Mutter ihr Söhnchen zu einem Flug mit. Unterwegs wird der Flug etwas unruhig. Der Bub guckt besorgt nach links, nach rechts. Und schaut schliesslich seine Mutter an, die ihm erklärt: «Kein Grund zur Angst, das sind nur ein paar Luftlöcher.»
«Dann ist ja alles okay», meint der Bub erleichtert. «Ich dachte schon, wir hätten eine Wolke gerammt.»

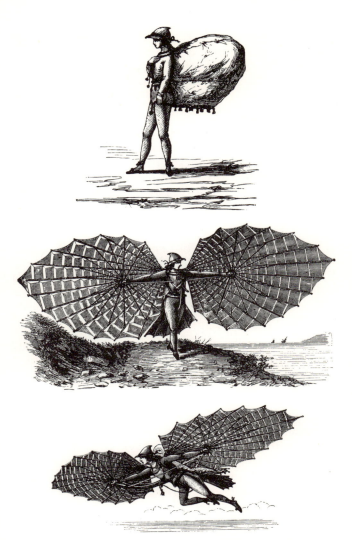

Die sensationelle «Flugmaschine» des Italieners Ignazio Teodoro Capretti (1877). Diese eigenartige Ikarus-Konstruktion fehlt in den meisten Fluggeschichtsbüchern.

Anfang der sechziger Jahre, damals herrschte im Gegensatz beispielsweise zu 1984 ausgeprägter Lehrermangel, flog ein Lehrerverein von Zürich via Genf nach Athen. In Genf musste am Flugzeug ein kleiner technischer Fehler behoben werden, was eine Stunde Verspätung zur Folge hatte.

Beim Einsteigen meinte eine Lehrerin zur Hostess: «Ist ja schrecklich, diese Verspätung.» Die Hostess: «Es tut uns leid, aber es war doch besser, den Fehler zu beheben, als ein Unglück zu riskieren.» Worauf die Lehrerin nachdenklich: «Da haben Sie recht, stellen Sie sich vor, es würde etwas passieren. Bei diesem Lehrermangel!»

Der Herzog von Bedford erzählte vor Jahrzehnten, wie seine Grossmutter eine Kur für ihre beginnende Alterstaubheit entdeckte. Als sie mit 67 Jahren eine Reise mit dem Flugzeug machte und nachher besser hörte, nahm sie Flugstunden und machte ihre Pilotenprüfung. Wann immer ihr Ohr ihr zu schaffen machte, setzte sie sich in ihr Flugzeug und stieg auf. Mit 70 Jahren kurierte sie sich ein für allemal von ihrer Schwerhörigkeit, indem sie einen neuen Geschwindigkeitsrekord zwischen London und Südafrika aufstellte.

Schulaufsatzblüten: «Die Stewardess schaute den Passagier an, und schon war er krank.» Sowie: «Bei Reisen kann man, wenn man fliegt, abstürzen. Diese Gefahr ist nicht so gross, wenn man zu Hause Bücher liest.»

Mario Malzanini, Binningen, erzählte 1983 in *Das Beste*: «Kurz nachdem unsere Maschine vom New Yorker Flughafen La Guardia abgehoben hatte, kam die Stimme des Stewards über den Bordlautsprecher: ‹Wenn die Fluggäste auf der rechten Seite aus dem

Fenster schauen, sehen sie die in Abendsonnenglanz-getauchte Skyline von New York. Wenn die Passagiere auf der linken Seite nach rechts schauen, sehen sie die Leute auf der rechten Seite, wie sie aus dem Fenster schauen und sich über den wunderschönen Anblick freuen.»

Matthias Nikolaus, Pilot bei der Lufthansa, ist nach einer Mitteilung vom Dezember 1984 einer der wenigen Nikoläuse, die tatsächlich fliegen können. Der 35jährige verbrachte seinen Namenstag auf der Route Frankfurt – Hamburg – Nürnberg – Frankfurt – Nürnberg. Den Abend verbrachte der Käpten mit seiner Crew auf dem Nürnberger Christkindlemarkt. Der gebürtige Wiesbadener hat beim Nikolausflug einen himmlischen Begleiter zur Seite: den Copiloten Armin Stern.

Gantchef Roland Löpfe vom Basler Ganthaus und damit Basels «oberster Trödler» verriet im September 1984, dass er, neben Üblichem, alle paar Jahre auch einmal einen grossen Brocken auf dem Ganttresen habe: «Flugzeuge und so». Nach der Globair-Bruchlandung kam die ganze Luftflotte unter den Hammer, und für einmal wanderten Millionenschecks in die Kasse. Doch der Gantalltag ist weniger spektakulär. Löpfe: «Ich habe den ganzen Tag Staub in der Nase.»

Während die Deutsche Lufthansa ihre Kapitäne mit 55 Jahren in den Ruhestand schickt, und die Bundeswehr ihre Flugzeugführer bereits im 51. Altersjahr entlässt, wurde Bayerns Ministerpräsident Franz Josef Strauss 1985, kurz vor Vollendung seines 70. Lebensjahres, noch Jet-Pilot. Eine Lizenz für Propellerflugzeuge hatte er vor her schon 16 Jahre lang besessen. Bei sich hat Strauss als Kopiloten jeweils Heinrich Then, der dem Politiker für 2500 Mark plus Mehrwertsteuer pro Flugstunde eine zweistrahlige Cessna-Citation vermieten darf. Der Fliegerarzt Dr. Lutz Berger von der Deutschen Lufthansa nennt übrigens die Sicherheitspiloten, die sich mehr oder minder prominente Alt-Flieger auf dem Kopilotensitz mitnehmen, «Blindenhunde».

Beiläufig: Heinz Rühmann liess erst mit 81 seine Fluglizenz nicht mehr erneuern. Und «der alte Adler» Wilhelm Hillmann aus Wilhelmshaven pilotierte noch, als er am 20. Mai 1985 99 Jahre alt wurde. Allerdings durfte er in der Bundesrepublik nur mehr in Begleitung eines Kopiloten starten. Als grosszügiger erwies sich da das Nachbarland Frankreich, in dessen Luftbereich der älteste aktive Flieger der BRD noch immer zum Alleinflug starten konnte.

Schwarz auf Weiss

1975 in der *Frankfurter Allgemeinen* mit Verwunderung gelesen: «In Peru hat Luise Ullrich einen Lufthansa-Kapitän, Graf von Castell, kennengelernt, ihren jetzigen Mann, mit dem sie damals zwei Töchter, jetzt eine Forellenzucht in die Welt setzte.»

Für den weltberühmten Schweizer Architekten Le Corbusier stand 1922 fest: «Das Flugzeug ist ein Ergebnis der höchsten Auslese. Das Flugzeug zeigt, mit welcher Konsequenz sich ein Problem von seiner Gegebenheit bis zu seiner Lösung abwickeln lässt. Die heutigen Grundsätze der Architektur entsprechen nicht mehr unseren Bedürfnissen. In der Frage des Wohnens gibt es gewisse Normen. Mechanisierung bedeutet Sparsamkeit, und Sparsamkeit bedeutet Auslese. Das Haus ist eine Wohnmaschine.» (Corbusier in seinem Buch *Vers une Architecture*)

Roland Stigulinszky in einem heiteren Feuilleton über den fliegenden Menschen: «Die Geschichte des fliegenden Menschen beginnt mit der Geschichte, die Dädalus passiert ist. Sein Sohn, der Ikarus, machte zunächst mit dem Vater zusammen die Flatter, auf einem unlizenzierten Nachbau wohl. Aber dann ging alles daneben. Er wollte höher hinaus (Generationenproblem!) als sein erfolgreicher Vater (Architekt!), geriet aber in Schlechtwetter und verlor die Orientierung. Jedenfalls landete er bei irgendeinem zentralafrikanischen Stamm-Essen im Topf. Ob man ihn – die kannten ja damals noch keine Flugzeuge – für ein Suppenhuhn gehalten hat oder für einen Spion (Ikarus!): Er ist seitdem verschollen wie Livingstone, bloss, dass man den nochmal gefunden hat.»

Das Fundbüro der Swissair im Flughafen Kloten unterscheidet sich von anderen Fundbüros in erster Linie dadurch, dass es nicht nur verlorene Gegenstände vermittelt, sondern auf Flughäfen auf der ganzen Welt auch nach liegengelassenen Dingen sucht. Die andernorts üblichen Finderlöhne entfallen und sind dem Goodwill des mit Wiedergefundenem beglückten Besitzers anheimgestellt. Wäre ein Finderlohn Pflicht, wäre laut *NZZ* vom 11. September 1986 jener Finder, der vor einiger Zeit eine Tasche voller (echter) Banknoten in harten Währungen im Betrag von rund einer Million Franken fand, ein reicher Mann gewesen. Er blieb nur ehrlich ...

Jährlich geht es um rund 10000 Fundgegenstände; Häufungen vor allem während der Ferienzeit, an Föhntagen und bei Vollmond. Doch «sind es selten so ausgefallene Dinge wie ein zwei Meter langer Palmwedel, ein Gebiss, ein Koffer voll libyscher Banknoten, dessen Besitzer sich übrigens nicht meldete, oder eine im Flugzeug vergessene Schaufensterpuppe».

Spiegel-Meldung von 1962: «George Hamilton, 23, US-Schauspieler («Massaker im Morgengrauen») und Sohn reicher Eltern, der bei Filmarbeiten in London vom Produzenten zu radikaler Kürzung seiner Haarmähne aufgefordert wurde, liess zum (Hin- und Rück-) Flugpreis von 5092 Dollar seinen Leibfriseur aus Los Angeles nach England kommen.»

Selbstbewusst verkündete im Jahre 1959 Anthony Milward, Direktor der British European Airways: «Die Beine unserer Stewardessen sind die besten aller Mädchen auf sämtlichen Luftverkehrslinien in der ganzen Welt.»

Zeitungsmeldung vom 6. September 1984: «Susan Mackie, schottische Stewardess, bekam zwischen zwei

Flügen in einem Hotelzimmer in Katar plötzlich starke Bauchschmerzen – und wenig später einen Buben. Miss Mackie, die von der Schwangerschaft bis dahin nichts bemerkt hatte, will ihre ‹Bauchschmerzen› auf den Namen David taufen lassen.»

Pressemeldung im Oktober 1982: «Eliya Hermitage, älteste Engländerin, verzichtet an ihrem 104. Geburtstag auf Schlagzeilen, nachdem sie an ihrem 100. eine Flugreise angetreten, an ihrem 101. mit einem Hovercraft den Ärmelkanal überquert und an ihrem 102. Geburtstag ein Kohlebergwerk besichtigte.»

Meldung im Oktober 1984: Ein eben von einer Krankheit genesener junger Kuckuck durfte den Abschnitt seiner Reise aus Schweden zum Winteraufenthalt in Afrika an Bord einer DC-9 des skandinavischen Flugunternehmens SAS zurücklegen. Der Vogel reiste im Euroclass-Abteil der Maschine nach Madrid, von wo aus er sich auf eigenen Flügeln ins sonnige Afrika machen sollte. Der gefiederte Passagier war in seinem Karton wohlversorgt mit seiner Leibspeise Raupen, und er verfügte auch über eine offizielle Einreisegenehmigung.

Aviatik-Nachricht aus dem Jahre 1980: «Mit einem aus Latten und Leintüchern gebastelten Deltasegler versuchte ein Sträfling aus dem Gefängnis von Richmond (Virginia) zu entfliehen ...»

Es gibt nicht nur ein Jäger-, sondern auch ein Fliegerlatein, englisch «hangar flying». In seinem fröhlichen Büchlein *Segelfliegereien* (1945, Aero-Verlag, Zürich) behauptet Anton Pfeffer freilich:

«... denn Flieger übertreiben nie, was immer sie berichten.– Sie haben wohl viel Phantasie, doch schwindeln sie mitnichten.»

Die deutsche Stewardess Christa R., 21, im Jahre 1968 in der Zeitschrift *Frau*: «So leicht ist es gar nicht, als Stewardess einen Mann zum Heiraten im Flugzeug zu finden. Die Illusion hatte ich anfangs auch. Aber alle Männer, die anbändeln wollten, waren verheiratet oder dick oder hatten eine Glatze. Und die Netten sprechen mich leider nicht an.»

Der Münchner Schriftsteller Eugen Roth *(Ein Mensch)* reimte in seinem kunterbunten Alphabet:

«Die leise Fliege den oft stört, der kaum den lauten Flieger hört.»

Der BRD-Politiker Norbert Blüm 1983 im «Bericht aus Bonn» zu Lehrstellen-Hemmnissen wie der Forderung nach getrennten Toiletten in Kleinbetrieben: «Also, ich habe noch kein Flugzeug abstürzen sehen, weil es keine geschlechtergetrennte Toilette hatte.»

Meldung 1980: TM-Yogi Maharishi zu Seelisberg lehrt seine Jünger mit Meditation durch die Stube zu fliegen. Er selbst aber kaufte sich gleichzeitig mit der Swissair die neueste DC-9 für Privatflüge.

Unter dem Titel «Das Argument» stand, mit «Moustic» unterzeichnet, 1975 diese gereimte Glosse im *Nebelspalter*:

Schweizers Fritz, noch nie geflogen,
weil gewiss und überzogen,
dass das Fliegen schädlich sei
und gefährlich, kriegt im Mai
unversehns ein Telegramm:
«Tante stirbt in Rotterdam
– stop – sie lässt nur jene erben
die ihr beistehn bei dem Sterben.»

Flugs fliegt Fritz zu Tantchen hin!
Schweizer ändern nur den Sinn,
und sie werden dann ein Held,
wenn es geht ums liebe Geld ...

Meldung 1961: Seit sein Land von Irak überfallen wurde, hält der Emir von Kuwait zwanzig Viscount-Flugzeuge bereit, um im Notfall seine Frauen evakuieren zu können.

Eine französische Fluggesellschaft pries in einem Werbeprospekt, ziemlich lange ist's her, Bordverpflegung folgendermassen an: «Unser Borddiner erstreckt sich über sieben Gänge und zweitausend Kilometer.»

In seinem Buch *Fasten your lapstraps* (das waren ehedem die Anschnallgurten) warnt der Angelsachse Geoffrey Williams fliegende Don Juans vor der Illusion, dass ausgerechnet neben ihnen ein so hübsches wie irrsinnig kontaktfreudiges Girl zu sitzen komme. Williams: «Ein hübsches Girl hat normalerweise einen Mann bei sich. Wenn nicht, ist sie unterwegs zu einem Mann. Sollte das Wunder geschehen, dass tatsächlich ein hübsches Mädchen neben dir sitzt, starrt sie eisig geradeaus. Nur die grösste Flugzeugkatastrophe könnte eine Bekanntschaft zum Erblühen bringen. Und alles in allem muss bezweifelt werden, dass diese für ein kühles angelsächsisches Temperament selbst durch ein hübsches Girl aufgewogen wird.»

Ein Scherzgedicht «Die Heldentaten des Max W.» von Dorothea Schivelhöck endet mit der Strophe: «Den Eiffelturm im Schwebeflug / per Regenschirm hinabzugleiten, / ist gewiss nicht äusserst klug. / Maxe tat's. Das war genug / für alle Heldenewigkeiten.»

Klaus Bartels teilte am 20. Oktober 1984 in der *Neuen Zürcher Zeitung* mit: «Hinter den neuzeitlichen ‹Piloten› steckt das altgriechische Substantiv ‹pedón›, das uns zuerst im 8. Jahrhundert v. Chr. in der Homerischen ‹Odyssee› begegnet und das ‹Ruderblatt› (eigentlich bildhaft den ‹Ruderfuss›), dann auch, wie das davon abgeleitete ‹pedàlion›, das ‹Steuerruder› bezeichnet. Aus diesem altgriechischen ‹pedón› ist dann mehr als tausend Jahre später ein mittelgriechisches ‹pedótes›, ‹Steuermann, Schiffsführer› hervorgegangen, das im Mittelalter erst als ‹pedota›, dann als ‹pilota› ins Französische und schliesslich als ‹Pilot› ins Deutsche gewandert ist. Mit den Höhenflügen der modernen Technik ist dieser ‹Pilot› dann in unserem Jahrhundert zunächst zum Luftfahrer, wo es ja immerhin noch Höhen- und Seitenruder gibt, und zuletzt, nun vollends von der Ursprungsbedeutung gelöst, zum Raumfahrer geworden.»

Dr. Guido Schmezer, Bern, reimte 1977 im *Nebelspalter*:

«Ein Berner namens Adrian
flog einst in einem Aeroplan.
Der Passagier im Nebensitz
versuchte einen faulen Witz
und sprach: «Der Treibstoff ist zu knapp,
das Flugzeug stürzt wahrscheinlich ab!»
Der Adrian, statt zu erblassen,
nahm diese Meldung sehr gelassen
und sprach: «He nu, dann stürzt es halt –
für das sind wir ja angeschnallt.»

1984. Ein italienisches Gericht hat der staatlichen iranischen Fluggesellschaft verboten, ihrem weiblichen Bodenpersonal in Rom das Tragen von Schleiern zur Dienstbekleidung zu verordnen. Das Gericht hatte aufgrund einer Klage von neun Bodenhostessen der

Iran Air (sieben Italienerinnen und zwei Iranerinnen) entschieden, dass die Fluggesellschaft in Italien keine religiös motivierten Tenüvorschriften erlassen darf.

Der *Anzeiger der Stadt Kloten* vom 14. September 1984 liess wissen: «Anscheinend hegt man in Dübendorf eine Hassliebe zu Kloten. Unser Mittelholzerdenkmal auf dem Holberg zu Ehren des verdienten Flugpioniers stand anscheinend früher in Dübendorf. Wohl können es die Dübendorfer verschmerzen, dass der Zivilflughafen nach Kloten gezügelt ist, aber dass dann das Mittelholzerdenkmal bei Nacht und Nebel auch noch abhanden gekommen und in Kloten aufgetaucht ist, das fuxt unsere Nachbarn heute noch. Nicht einmal die Zeit kann diese Fehde heilen. Falls nun einmal das Denkmal entführt werden sollte, dann wüsste man ja, wer dafür in Frage kommt. Wie heisst es doch so schön: An ihren Taten sollt ihr sie erkennen!»

Seinem Flugschüler wollte ein Instruktor in Dwight (USA) eine perfekte Landung demonstrieren und rasierte prompt das Fahrgestell an einem Lieferwagen ab. Wie durch ein Wunder wurde niemand verletzt. Hierzu im September 1986 ein Blatt: «Fluginstruktor zeigte: So nicht!»

Bei Rudolf Braunburg findet sich, nach Heinrich Heine, die «Elegie einer Stewardess» vor leerer Kabine:

Trauer zieht durch mein Gemüt:
Wo sind denn die Leute?
Keinen kümmert's, was geschieht,
fahren alle Autos heute?

Schenk mir ein, ich trinke aus,
will den Gram begiessen;
wenn du einen Fluggast schaust,
sag, ich lass ihn grüssen.

Grundlegende Kunstflugfiguren

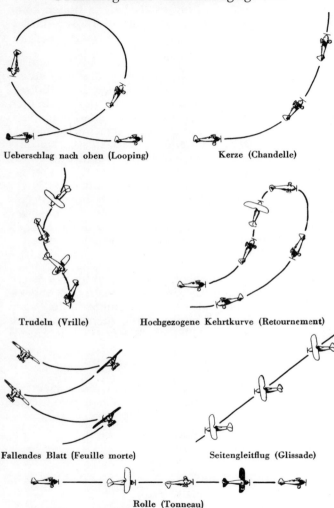

Kunstflugfiguren, wie sie beim Internationalen Flugmeeting in Zürich im Juli 1932 ausgeführt wurden.

Sehr geschmackvoll: Der neueste Hit im Sommer 1986 waren unter amerikanischen Video-Freunden Aufnahmen aus der «Schiess-Kamera» eines Marine-Jägers, der im April 1986 am Angriff auf Libyen beteiligt war. Der Film zeigt, was der Pilot durch seine gepanzerte Windschutzscheibe sah – aufgenommen bei Beginn der Kampfhandlungen. Derartige Videos dienen normalerweise zur Kontrolle der Schiessergebnisse bei der Ausbildung.

In seinem Flieger-Medizinbuch (Motorbuch Verlag Stuttgart) befasst sich Günther Stedtfeld in heiteren Reimen mit Verschiedenem, was Flieger betrifft, von Lungen über Verdauungstrakt bis Migräne. Man soll sich, rät er zum Beispiel, vor Zug und Kälte gut schützen, denn: «Sehr übel nehmen's grad die Nieren, wenn sie in grosser Höhe frieren, / und sind sie erst einmal entzündet, / der Arzt euch nicht mehr tauglich findet, / denn bald schon steigt der Blutdruck mächtig,/ und der Urin wird eiweissträchtig.»

Der Verdauung spezielle Aufmerksamkeit schenken, «denn viele Menschen sind hienieden / gequält von starken Hämorrhoiden, / und muss man darauf lange sitzen, / kommt mancher Flieger arg ins Schwitzen.»

Auch die Zahnpflege nicht vernachlässigen! «Nur früh den Rachen aufgerissen, / sonst ist man später aufgeschmissen!» Weil: «Vor allem aber bei Piloten / ist grösste Vorsicht hier geboten, / denn andernfalls muss man mit Qualen / so manchen schönen Flug bezahlen.»

Bei Kopfweh schlicht die Konsequenz: Man übe fliegerisch Karenz! Überdies: «Und packt dich der Migräne Jammer, dann bleib am besten in der Kammer!»

Hamburgs *Welt am Sonntag* meldete im August 1986: Genau fünf Mark und fünf Pfennige kassiert der Westdeutsche Rundfunk ab sofort pro Flugzeug von der Lufthansa. Denn: Die in den Jets installierten, für den Landeanflug notwendigen Funkpeilgeräte können theoretisch auch Radioprogramme empfangen. Und daher, so die Richter in ihrer Urteilsbegründung, seien sie gebührenpflichtig. Ob sie auch zum Radiohören genutzt würden, spiele dabei keine Rolle. Dazu das Blatt: «Bleibt nur zu hoffen, dass sich die Lufthansa-Kapitäne künftig weiter auf die Landung konzentrieren und nicht, um die Rundfunkgebühren auch abzuhören, den WDR einstellen. Beruhigend für Hamburg: Bei dessen NDR 2 (Norddeutscher Rundfunk 2) bestünde da sowieso keine Gefahr.»

Wie der Auslandkorrespondent Fritz Wirth 1986 der *Welt am Sonntag* berichtete, sind die amerikanischen Himmel überfüllt. Unter den inneramerikanischen Flugfirmen ist der Catch-as-catch-can um zahlende Kunden ausgebrochen. So könne man in 10 000 Meter Höhe jenseits der Rocky Mountains durchaus den Steward des Fluges 759 von Denver nach Reno sagen hören: «Also, unser Kapitän ist Onkel Billy, der Kopilot ist Onkel Frank. Wir sind nämlich ein Familienbetrieb, müssen Sie wissen. Und nun schaut euch mal genau unsere drei Stewardessen an. Na, wie alt mögen sie wohl zusammen sein? Leute, das ist hier unser Preisausschreiben. Schreibt die Zahl auf eure Servietten. Wer mehr als 75 schreibt, erreicht heute abend nicht mehr lebend Reno. Wer's richtig rät, erhält gratis einen unserer vorzüglichen Cocktails.»

Weltraumpflegerinnenklatsch

Am 24. August 1986 in der Presse gemeldet: Für Leute, die etwas Ungewöhnliches erleben wollen und bereit sind, tief in den Sack zu langen, bietet das Schweizer Reisebüro Kuoni die Exklusivreisen an, die von «Society Expeditions» in Seattle (USA) gemanagt werden. Darunter: «Am 12. Oktober 1992 (und damit auf den Tag genau 500 Jahre nach der Entdeckung Amerikas durch Kolumbus) bricht für Abenteuerhungrige ein neues Zeitalter an: Für dieses Datum ist nämlich der erste Touristenflug der Raumfähre Space Shuttle geplant. In der Schweiz kann der Trip ins All, der fünf- bis achtmal um die Erde führt und zwölf Stunden dauert, für satte 80000 Franken gebucht werden.»

Gagarin meldete während seiner Erdumkreisung dürr an die Bodenstation: «Höhe: eine Million Kilometer. Sicht: Ebenfalls eine Million Kilometer.»

Als die russischen Weltraumerfolge den Amerikanern zu schaffen machten, wurde unter anderen auch Wernher von Braun gedrängt, seinem Programm Dampf aufzusetzen. Amerika sei aus Prestigegründen zur Eile gezwungen. Wernher von Braun reagierte nüchtern: «Man erwartet Unmögliches von mir, nämlich dass ich mit Hilfe von neun schwangeren Frauen innert Monatsfrist ein Kind in die Welt setze.»

Leonid Kisim, Kommandant der sowjetischen Raumstation Saljut 7, bekam 1984 Nachricht von einem besonderen Erdenbürger. Seine Frau teilte ihm mit, dass sie ein 3700 Gramm schweres Mädchen zur Welt gebracht habe. Durch einen nach der Geburt aufgenommenen Film, der in die Orbitalstation gesendet wurde, konnte Kisim seine Tochter Tatjana sehen.

Frank Borman, Kommandant der Apollo 8, sagte 1969: «Jetzt, wo der Texaner Lyndon Johnson nicht mehr US-Präsident ist, kann ich's ja sagen: Der Mond sieht aus wie Texas.»

Der US-Filmkomiker Jerry Lewis notierte: «Weit hat es Apollo gebracht: einst ein Gott, jetzt eine Raumkapsel.»

Dem lebenden Privatmenschen ist der Weltraum noch verschlossen, aber für Verstorbene ist die Fahrt ins All frei. Meldung aus Houston im September 1986: Ein privates Raketenunternehmen namens Space Services Inc. hat von der Raumfahrtbehörde NASA die Genehmigung erhalten, die Asche von Verstorbenen in den Weltraum zu transportieren, wo sie in einem «Mausoleum» von bescheidenen Ausmassen die Erde umkreisen soll. Der erste von vorerst drei Behältern mit Mini-Urnen soll gegen Ende 1987 von einem NASA-Raketengelände auf der zum Staat Virginia gehörenden Insel Wallops aus in den Weltraum befördert werden. Auf diese Weise sollen die sterblichen Überreste von zunächst rund 10 000 Verstorbenen ihre letzte Ruhe am Himmel finden. Die Asche eines jeden der Verstorbenen soll in einen Metallbehälter von der Grösse eines Lippenstifts gepresst werden. Kostenpunkt rund 10 000 Franken. – Zu dieser Meldung 1986 ein schweizerischer Kurzkommentar: «Bald ‹drehen› wir uns nicht mehr im Grabe, sondern um die Erde ...»
PS: Zu den Leuten, die sich eine lippenstiftgrosse Astro-Urne im goldenen Satelliten-Friedhof gesichert haben, gehört seit März 1985 auch der US-Astronaut Deke Slyton.

1962. Eine New Yorker Zeitung hatte für den 1. März einen neuen Namen gefunden. Anstatt «Tuesday» (Dienstag) hiess es in der Datumszeile «Glennday». In der gleichen Woche bekamen die New Yorker Abonnenten der englischen satirischen Zeitschrift *Punch* ihr Exemplar mit dem Aufdruck «Congratulations on America's space success» (Gratulation zu Amerikas Erfolg im Weltraum) auf dem Streifband.

Astronaut John H. Glenn erfüllte sich 1963 den Wunschtraum seiner Bubenjahre: Mit Sonnenbrille und Schlapphut unkenntlich gemacht, liess er sich von einem New Yorker Polizeiwagen eine Nacht lang durch Manhattan kutschieren und assistierte den beiden Polizisten bei einer Festnahme, mehreren Krawall-Schlichtungen und bei der Überprüfung etlicher als rauschgiftsüchtig verdächtiger Jugendlicher.

1974 gelesen: Die Frau des amerikanischen Astronauten Alan Bean bekam einen Begriff von kosmischen Geschwindigkeiten, als sie in Houston einmal aus dem Haus trat, um zu sehen, wie die Raumfähre Skylab II mit ihrem Mann an Bord über den Nachthimmel zog. «Während ich wieder hineinging», erzählte sie, «klingelte bei mir das in allen Astronautenhäusern installierte Funktelephon. Es war Alan. Er sagte, er sei gerade über Madrid.»

Ein von Hermann Jacob fürs Schweizerische Ostinstitut notierter Scherz: Drei russische Astronauten landen auf dem Mond. Voller Stolz wollen sie das Sowjetbanner aufpflanzen. Aber schon flattert eine Fahne auf dem nahen Hügel. Einige vermummte Gestalten kommen näher. Es sind Chinesen. «Nanu» sagt der russische Anführer, «wie kommt Ihr denn hierher, Ihr habt doch keine Mondraketen?» – «Raketen, Raketen», kichern die Chinesen, indem sie fortwährend eine Faust auf die andere setzen. «Ein Chinese, zwei Chinesen, drei Chinesen, vier Chinesen ...»

1969 inserierte eine Gaststätte im Bündnerland zum helvetischen Bundesfeiertag nachfolgendes raumfahrtdurchzogenes Schweizer Menü:

Nationalfeiertag, 1. August
MENUE
L'hors d'œuvre riche à la maison
Consommé double de gibier «Moon-Light»
Steak de veau «Belle Buisse»
Pommes croquettes «Apollo II»
Carottes glacées «Neil Armstrong»
Choux-fleurs «Michael Collins»
Tomates farcies «Edwin Aldrin»
Salade d'endive «Richard»
Bombe de glace «NASA»

Russland und Amerika haben sich zusammengetan. Das Fernsehen zeigt die erste Landung einer russisch-amerikanischen Raumkapsel auf dem Mond. Aber als die Astronauten zu einem Spaziergang auf dem Mond ansetzen, bleibt ihnen die Spucke weg: Da sitzen auf einem grossen Mondstein vier Schweizer und jassen.

«Wie kommt ihr denn hierher?» fragt die russisch-amerikanische Equipe entgeistert. Da tönt ihnen helvetisch-fröhlicher Gesang entgegen: «Mir sind mit em Velo da ...!»

Der Telex-Dienst Tourismus im Oktober 1984 über die Weigerung der NASA, ein Fleischbällchen der grössten Hamburger-Kette der USA als Symbol mit in den Weltraum nehmen zu lassen: «Auch auf der nächsten Space-Shuttle-Exkursion wird kein Hamburger mitfliegen.»

Ekkehard Fritsch in der Fernsehsendung Dalli-Dalli: «Die meisten Männer träumen von der Raumfahrt – von einer weichen Landung auf der Venus.»

Der Schweizer Luft-«Kapitän» Eduard Spelterini (1852–1931) führte in 46 Jahren Hunderte von Ballonfahrten durch und beförderte im Ballon insgesamt 1237 Fluggäste.

Seit langem ist es so: eine Sensation jagt und verdrängt die andere. Und eine Sensation, die unentwegt andauert, ist als solche nicht viel wert. So war's, wie die «Süddeutsche Zeitung» im Juni 1984 festhielt, auch mit dem Sputnik, dem «ersten Satelliten der Sowjets, der vom Herbst 1957 an die Erde umkreiste und – wenn man Glück hatte und den richtigen Standort – sogar mit freiem Auge zu entdecken war. Alle Welt bestaunte den künstlichen Stern, der von Osten nach Westen duch die Nacht zog und ... irgendwann verglühte. Seine genaue Lebensdauer (bis 25.3.1961) muss man im Lexikon nachschlagen – auch derjenige, der ihn einmal gesehen und längst vergessen hatte, als er endgültig unterging.»

Am 21. Juli 1969 auf dem Bildschirm: der kahle Mond, die Mondfähre «Adler», der erste Mensch betritt den Erdtrabanten. Der Name des Astronauten, Kommandant des US-Mondlandeunternehmens «Apollo II»: Neil Armstrong. Der am 5.8.1930 in Wapakoneta, Ohio, Geborene flog mit 20 Jahren 78 Feindeinsätze im Koreakrieg, war mit 25 ein renommierter Testpilot und über Nacht berühmt, als er mit dem Atombomber X 15 in 62000 Meter Höhe vorstiess bei einer Geschwindigkeit von 5600 km in der Stunde. Von Kind an hatte er sich dem Fliegen verschrieben, mit 16 Lenzen den Pilotenschein gemacht. Seine Fliegerkameraden spotteten: «Neil glaubt nicht an Gott, weil Gott kein Flugzeug ist.» Auf die Frage, ob er ein Abenteurer sei, wehrte er ab: «Um Himmels willen, nein. Ich hasse die Gefahr, sie ist die ärgerlichste Seite unseres Berufes, die dümmste. Ganz unnötig bei einem rein technischen Vorgang.»

Bei seiner Rückkehr vom Mond erfuhr der Astronaut John Young, ein Professor der Technischen Hochschule von Georgia habe beantragt, ein «Ungenügend», das er Young 20 Jahre zuvor gegeben hatte, durch ein «Sehr gut» zu ersetzen, da der spätere Astronaut sonst ausgezeichnete Noten gehabt hatte. Aber Young schrieb dem Professor: «Vielen Dank für die Absicht, mein Zeugnis zu ändern. Leider muss ich Ihnen aber versichern, dass das ‹Ungenügend› durchaus verdient war. Ich wäre Ihnen deshalb sehr verbunden, wenn Sie es dabei beliessen.»

Robert Lembke gesteht: «Flieger pflegte man mit der Bemerkung zu beruhigen, dass schliesslich noch keiner droben geblieben ist. Bei Astronauten hätte ich Hemmungen.»

Logisch ist, sagt Mia Jertz, dass ein Astronaut immer im Abschussrampenlicht steht.

Ein «Lieblingslied der Astronomen, Astrologen und Astronauten» stellte einst die deutsche Zeitschrift «Hör zu» mit deutschen Ortsnamen (inklusive Postleitzahlen) vor:

DERsum (4491)
MONDfeld (6980)
ISTha (3549)
AUFhausen (8381)
GEhau (6441)
GANgelt (5133)
GENnach (8931)

Radio Eriwan auf die Frage, ob der Rückflug vom Mond wirklich so gefährlich sei: «Im Prinzip nein, technisch ist das Problem hundertprozentig gelöst. Aber wer kann unsere Kosmonauten zur Rückkehr zwingen?»

Der Raketenstartplatz der USA, Cape Canaveral auf einer sandigen Halbinsel an der Ostküste von Florida, und der dazu gehörende Ort Cape Canaveral wurden nach dem Tod von Präsident John F. Kennedy 1962 umbenannt. Den Einwohnern des Ortes passte es nicht. Sie protestierten und erreichten schliesslich, dass der alte Name wieder eingesetzt wurde. Das war 1973.

Heiratsannonce vom 10. Dezember 1982 in der «Süddeutschen Zeitung»:
«Countdown 1982. Unbemannte Rakete, deutsches Erzeugnis, Baujahr 38, 1,75/59, Triebwerk noch gut erhalten, kaum Gebrauchsspuren, sucht erfahrenen Piloten für neuen Start in die Zukunft. Wartet auf Bildsignale aus dem Raum 8/N. Klartext: Mein Technikverständnis endet beim Schukostecker; bin (be)sinnlich, leidenschaftlich musisch, anlehnungsbedürftig ...»

Apropos Countdown. Als der Raumfahrtpionier Wernher von Braun für eine Nachrichtensendung gefilmt wurde, wurde er von der Technik gebeten, als Sprechprobe mit normaler Lautstärke langsam zu zählen. Der Wissenschaftler begann ziemlich unsicher: «Eins ... zwei ... drei ... vier ...», brach ab und sagte: «Rückwärts geht's besser: Fünf ... vier ... drei ... zwei ... eins!»

Der amerikanische Astronaut Nelson verlor bei Reparaturarbeiten im All eine Schraube, die jetzt um die Erde kreist. Im amerikanischen Weltraumzentrum nennt man diese Schraube, wie ein Blatt 1986 meldete, seither «Nelson-Satellit».

Es fragt ein Astronaut den andern: «Ist das nun die Sonne oder der Mond?»
«Keine Ahnung, ich fliege auch das erste Mal.»

Dr. Guido Schmezer, lange als «Ueli der Schreiber» für den Nebelspalter tätig gewesen, reimte: «Ein Berner namens Peter Boss / bekam den Weltschmerz und beschloss, / dem Erdplaneten zu entfliehen / und in den Kosmos umzuziehen. / Es folgten freudig Peter Bossen / zweihundertfünfzig Artgenossen, / die, in Raketen abgeschossen, / fast hundert Stunden unverdrossen / den weiten Weltraum durchdrangen, / um auf dem Monde anzulangen. / Nun gibt es dort in jedem Krater / ein Berner Heimatschutztheater.»

China nahm im Oktober 1984 für sich in Anspruch, den ersten Astronautenanwärter hervorgebracht zu haben, und das schon vor fast 500 Jahren. Der Mann, der damals die Sterne zu erreichen versuchte, hiess Wan Hu. In der Oktoberausgabe der englischsprachigen Zeitschrift «China Reconstructs» schrieb Ingenieur Chen Shouchun vom chinesischen Luftfahrtministerium: «Ungefähr im Jahre 1500 befestigte ein wackerer und optimistischer chinesischer Wissenschaftler namens Wan Hu 47 Schiesspulverraketen an der Rückenlehne eines Stuhls, setzte sich und bat jemanden, für ihn die Raketen zu zünden. Seine Absicht, der erste Astronaut zu werden, scheiterte jedoch. Er kam in der folgenden Explosion ums Leben.»

Der Artikelverfasser betonte aber, Wan Hus Ruhm lebe fort, «denn in unserem Jahrhundert wurde ein Mondkrater in Anerkennung seiner früheren, zweckmässigeren Beiträge zur Wissenschaft nach ihm benannt.»

Als die Flugzeugentführungen überhand nahmen, meinte der 1930 geborene Dramatiker Harold Pinter: «Die nächste Eskalation der Luftpiraten wird die Entführung eines Raumschiffs sein.»

Die erste Frau, die ein Raumschiff im All verlassen hat (= Weltraumspaziergang), Swetlana Sawitskaja, nahm im Oktober 1984 an einem Raumfahrtkongress in Lausanne teil. Überdies war sie Stargast in der Fernsehsendung «Karussell». Auf die Frage, ob sie als berühmte Kosmonautin in ihrem Heimatland so etwas wie ein Idol der jungen Frauen sei, antwortete sie: Zwar bekomme sie viele Briefe, aber Idole gebe es in ihrer Heimat keine. Für den Abend nach der Sendung freute sie sich darauf, bei einem Spaziergang «ein bisschen etwas von Zürich zu sehen». Ein Journalist fühlte es ihr nach, denn: «Aus der Nähe betrachtet sieht die Welt schliesslich anders aus als aus dem Weltall.»

«Schatz», schmeichelt die Gattin, «da werden Milliarden für Mondflüge und Raumstationen ausgegeben. Und alles, was ich mir wünsche, ist nur ein neuer Pelzmantel.»

Unterm Titel «Endstation Weltenraum» entwickelt Erich Kästner reimend eine Zukunftsvorstellung: Das Fliegen ist hochentwickelt, es turnt sich in den Lüften wie am Reck, die Erde wird nach und nach entbehrlich: «Wer keine Wohnung hat, lernt morgen fliegen. / Im Himmel ist für viele Leute Raum. / Wenn erst die Kolonien im Himmel liegen, / stört das die andern Völkerschaften kaum.»

Das Fliegen löst, so Kästner, selbst die schwersten Fragen, der Himmel wird parzelliert: «Die Menschen werden allesamt Piloten. / Die ganze Erde wird zur Alten Welt. / Sie zu besuchen ist zwar nicht verboten. / Doch keiner tut's. Falls er nicht runterfällt.»

Längst hat die Militarisierung des Weltraums begonnen. So hatte der Musiker und Bandleader Paul Kuhn doch nicht recht, als er 1957 am Radio sang: «Die Fahrt zum Mond / hat sich gelohnt. / Nun weiss die Wissenschaft / im Grunde ganz gewissenhaft, / dass sich die Fahrt zum Mond nicht lohnt.»

Witze und Witzchen

«Wir können uns gar nicht entscheiden, was unser Sohn werden soll. Meine Frau möchte, dass er Rechtsanwalt wird. Meine Schwiegermama sähe ihn gern als Arzt. Ich hätte ihn am liebsten im Geschäft. Und er selbst will unbedingt Pilot werden.»
«Wie alt ist denn Ihr Sohn?»
«Nächsten Monat wird er vier.»

«Warum tun Sie Hefe in Ihren Fallschirm?»
«Damit er besser aufgeht.»

Texaner stehen im Ruf, der Welt grösste Angeber zu sein. Ein Texaner erzählt: «Mein Freund fliegt den ganzen Tag im Flugzeug umher.»
«Nun ja», dämpft sein Gesprächspartner aus New York, «das ist wirklich nichts Besonderes. Ich habe eine Menge Freunde, die den ganzen Tag im Flugzeug umherfliegen.»
Worauf der Texaner: «Auch im eigenen Haus wie mein Freund?»

Der Flugpassagier bei der Flugbuchung: «Nichtraucher-Abteile in Ehren. Aber haben Sie auch eine Nichtredner-Abteilung?»

Wussten Sie schon, dass sich die Swissair konstant weigert, in Kloten Flugzeugträger zu beschäftigen?

Ein Kannibale im Flugzeug von Afrika nach der Schweiz unterwegs zum Steward: «Apropos Verpflegung, bringen Sie mir bitte die Passagierliste!»

«Ich möchte schrecklich gern einmal nach Thailand fliegen. Schöne Mädchen und so, Sie verstehen mich? Wann ist wohl die beste Zeit dafür?»
Der Gefragte: «Guter Rat: Fliegen Sie, ehe Sie siebzig sind!»

In einem Kalender findet sich mit dem Hinweis «Bitte ausschneiden und bei Bedarf verwenden!» dieser Text für gewisse Flugpassagiere: «Beste Stewardess, zwischen Hongkong und Bali kenne ich eine einsame Insel, die für uns beide wie geschaffen ist. Lassen Sie uns diskret Fallschirme anlegen und in etwa ... Minuten abspringen (Hecktür, das fällt kaum auf), und ewiges Inselglück harrt unser! Ihr verliebter Fluggast ... (Name) auf Sitz ... (Sitznummer).»

Nicht taufrisch, aber möglich: «Zwei Knaben trieben Fliegersport. / Der eine flog auch bald weit fort. / Der andere flog nur aus der Lehre: Nicht jeder Flug bringt einem Ehre.»

Ein Lieblingswitz des Schauspielers Telly «Kojak» Savalas: Zwei Männer streiten sich, welches Volk wohl begabter sei. «Gebt uns Eisen und Stahl», sagte der Amerikaner zu seinem griechischen Freund, «und wir bauen euch einen tollen Flugzeugträger!» Da lächelte der Grieche: «Weisst du was? Gebt uns eure hübschen Schwestern, und wir machen euch dazu die Besatzung!»

«Sie waren damals also der einzige Überlebende bei der Flugzeugkatastrophe. Wie sind Sie denn gerettet worden?» – «Ich verdanke meine Rettung einem hübschen Mädchen. Wir liebten uns, und da habe ich das Flugzeug versäumt und bin mit dem nächsten geflogen.»

Mitten über dem Atlantik setzen die Motoren aus. Meint ein Passagier: «Himmlisch, diese Ruhe!»

Der Automobilist rast mit seinem Irrsinnsflitzer auf der Autobahn und wird schliesslich von der Autobahnpolizei gestellt. Und fragt verwundert: «Was ist, bin ich zu schnell gefahren?» Drauf die Polizei: «Nein, zu tief geflogen.»

Der Storch ist mit zwei Menschenmädchen unterwegs, von denen das eine zum andern sagt: «Wirst du jetzt dann auch gleich geboren?» Worauf das andere: «Aber natürlich, oder meinst du, ich fliege als Hostess mit?»

Die Hostess zu den unruhigen Flugpassagieren: «Es besteht überhaupt kein Grund zur Aufregung. Wir kehren nur rasch zum Flughafen zurück, weil wir den Piloten mitzunehmen vergessen haben.»

Aus der DDR damals: Ulbricht und Grotewohl fliegen über die Zone. Spitzbart Ulbricht: «Ein paar Millionen Päcklein Zigaretten müssten wir hinunterschmeissen, dann hätten wir die Männer auf unserer Seite und könnten morgen wählen.»
Grotewohl ergänzend: «Oder einige Millionen Paar-Damenstrümpfe.»
Hinterher der Pilot grimmig: «Oder euch.»

Ein Adler frisst eine Maus, kann sie jedoch nicht verdauen. Die Maus schaut hinten hinaus und fragt: «He, wie hoch fliegen wir?»
Der Adler: «Gut 800 Meter.»
Drauf das Mäuslein: «Mach jetzt bloss keinen Scheiss!»

Die französische Diplomatengattin auf dem Flughafen Kloten zu einem Attaché, während sie auf eine in der Höhe entschwindende Maschine zeigt: «Das ist aber eine wunderbare Flugzeug!»

«Pardon, Madame», reagiert der Attaché, das ist nicht ‹eine›, sondern ‹ein› Flugzeug.»

«Olala, Monsieur», sagt Madame voller Bewunderung, «Ihre guten Augen möchte ich haben.»

Pilot zum Copiloten: «Heute habe ich keinen guten Tag. Zuerst beim Rasieren verletzt, dann am heissen Kaffee den Mund verbrannt, im Auto auf dem Weg zum Flughafen einen Igel überfahren, und jetzt kommt ein Jumbo direkt auf uns zu.»

«Herr Leutnant, der Gefreite Meier ist ohne Fallschirm abgesprungen.»
«Was, schon wieder?»

In einem ägyptischen Luftabwehr-Stützpunkt fragt ein Soldat einen Unteroffizier, wie man denn ein israelisches Flugzeug von einem ägyptischen unterscheiden könne. «Du Trottel», antwortet der Vorgesetzte, «was fliegt, ist Feind.»

Fallschirmspringerschulung. Der Instruktor zum Rekruten: «Sollte es mit dem Fallschirm nicht klappen, haben Sie einen zweiten in Reserve. Klappt auch das nicht, rudern Sie möglichst schnell mit den Armen. Unten wartet der Wachtmeister Häberli mit einem Sanitäter und verarztet Sie.»

Fünf Minuten später klopft es an die Flugzeugtür. Draussen schwebt der Rekrut, rudert wie wahnsinnig mit den Armen und fragt atemlos: «Wie heisst der Wachtmeister, den ich unten treffen muss?»

Als das erste Triebwerk brennt, schnallt die Hostess den Fallschirm um und springt. Als das zweite Triebwerk brennt, schnallt der Steward den Fallschirm um und springt. Als das dritte Triebwerk brennt, schnallt der Copilot den Fallschirm um und springt ab. Danach kommt der Pilot aus dem Cockpit, schnallt den Fallschirm um und sagt, bevor er abspringt, zu den Passagieren: «Meine Damen und Herren, jetzt brennen alle vier Triebwerke. Darf ich darum bitten, dass der letzte, der das Flugzeug verlässt, das Licht löscht!»

Ein Fallschirmspringer schwebt erdwärts und fragt verwundert einen Mann, der pfeilgerade von unten her himmelwärts schiesst: «Ums Himmels willen, wo kommen Sie denn her?» Worauf der andere: «Aus der Munitionsfabrik.»

Auf dem Flugplatz von New York verlässt eine Delegation aus Borneo das Flugzeug. Der Zollbeamte: «Ihr seid mit neun Mann angemeldet. Ihr seid aber zwölf.» Der Häuptling: «Geht schon in Ordnung. Drei sind Reiseverpflegung.»

«Warum so deprimiert?»
Mir ist etwas Schreckliches passiert. Meine Frau ist mit dem Flugzeug nicht angekommen, mit dem ich sie erwartet habe.»
«Ist das so schlimm? Vielleicht kommt sie mit der nächsten Maschine.»
«Wohl kaum. Ich fürchte vielmehr, sie ist schon seit gestern zu Hause.»

Eine Scherzfrage: «Innen ist es weiss, aussen rot, und es fliegt in 3000 Meter Höhe. Was ist das?» – Die Antwort: «Ein Radieschen im Flugzeug.»

Bei versehentlich eingeschalteter Sprechanlage sagt der Flugkapiän zum Copiloten behaglich: «So, jetzt einen heissen Kaffee und einen heissen Kuss von der Hostess, das wäre der Hit.»

Mit rotem Kopf eilt die Hostess nach vorn. Da hält sie ein älterer Herr am Arm fest und sagt: «He, Fräulein, den Kaffee haben Sie vergessen!»

Der Flugkapitän in 12 000 Meter Höhe: «Ist jemand unter uns, der an Wunder glaubt?» Ein Passagier hebt die Hand. «Sehr gut», sagt der Flugkapitän, «wir stürzen nämlich gleich ab und haben einen Fallschirm zuwenig.»

Zeppelin, Lindbergh, Dübendorf ...

Vielleicht als erster hat der Engländer Sir George Dayley (1773–1857) die Grundlagen des Fliegens errechnet und aufgezeichnet. Für den Vortrieb benützte er allerdings Schaufelräder statt Propeller. Vom achtzigjährigen Dayley wird berichtet (stimmt's wohl?), dass er in einem Schaufelrad-Segelflugzeug den Höhepunkt seiner Fliegerlaufbahn erreichte, als er seinen ebenfalls betagten, vor Angst schlotternden Kutscher im Jahre 1853 über ein kleines Tal bei Brompton Hall hinwegflog. Ein Zeuge meldet dazu, dass der Kutscher nach der Landung ausgerufen habe: «Sir George, ich kündige! Ich bin angestellt worden, um zu kutschieren, nicht um zu fliegen!»

Aus einem Lexikon um 1900: «Flugtechnik, Aviation (von avis, Vogel) ist die Gesamtheit der Versuche, dem Menschen mit Vorrichtungen, die schwerer als Luft sind, das Fliegen zu ermöglichen. Dass dieses Ziel gar nicht so widersinnig ist, beweist jeder Vogel. Ist doch nunmehr festgestellt, dass der Mensch die Hälfte seines Gewichtes durch Flügel schwebend zu erhalten vermag. Damit scheint die Möglichkeit des Fliegens nicht mehr in gänzlich nebelhafter Ferne.»

Vom Erfinder des Zeppelins wurde in Ostpreussen erzählt: Ferdinand Graf von Zeppelin (1838–1917) kam eines Tages mit der Besatzung seines Luftschiffs nach Königsberg. Auf dem Landeplatz in Devau wurde ihm ein Glücksschweinchen übergeben. Der Knecht, der das Tier von einem nahen Bauernhof herbeibrachte, wurde von den Nachbarn gefragt, ob er den Zeppelin denn gesehen habe. Der Knecht antwortete: «Gesehne? Ha, wi verloade all Schwien mit em!»

1873 stürzte Graf Ferdinand von Zeppelin vom Pferd und lag mit einer leichten Gehirnerschütterung im Lazarett. Dachte dennoch über die Konstruktion eines lenkbaren Luftschiffes nach und rief, während seine Gattin am Krankenbett sass, nach längerem Schweigen: «Jetzt muss er fliegen, es fehlt ihm bloss noch eine Schraube!» Drauf die Frau: «Hoffentlich hast du diese Schraube nicht zuviel.»

Premiere des Zeppelin-Luftschiffes: 2. Juli 1900. Ferdinand Graf Zeppelin flog (heute: fuhr) zwanzig Minuten lang mit seiner LZ 1. Sein zweites Luftschiff, die LZ 2, wurde im Januar 1906 am Boden das Opfer eines nächtlichen Sturmes. Graf Zeppelin war deprimiert, liess sich aber nicht unterkriegen. Nach einer Deutschlandrundfahrt mit der LZ 4 soll er 1908 ein Telegramm erhalten haben: «Halte Ihnen nach wie vor die Stange. Wilhelm.» Zeppelin nahm an, es stamme vom Kaiser. Er bedankte sich bei Wilhelm II. Worauf dieser zum Kronprinzen, dem tatsächlichen Autogrammverfasser, sagte: «Halte in Zukunft bitte den Mund und nicht die Stange!»

Am 4. August 1908 erschien das erste Zeppelin-Luftschiff über Basel, mitsamt dem Erfinder Graf Zeppelin. Sogar eine Postkarte wurde eigens als Erinnerung an den Tag gedruckt. Und als am 11. Mai 1911 das erste Flugzeug, mit Theodor Real am Steuer, bei Basel landete, war das geradezu ein Volksfest. Sechzig Jahre später aber verwarf das Basler Volk einen Ausbau seines Flugplatzes ...

Als das am 4. August 1908 um 6.30 Uhr von Marzoll am Bodensee gestartete Luftschiff LZ 4 nach einem Brand in Stuttgart-Echterdingen nur noch ein Trümmerhaufen war, ging, wie Bundespräsident Theodor Heuss 1963 in seinen Erinnerungen schrieb, «eine Erschütterung durch die Nation. Das Volk fühlte sich als

Einheit. Das hatte es in Deutschland noch nie gegeben.» Eine «Nationalspende» brachte dem Grafen Zeppelin innert Jahresfrist 6,1 Millionen Goldmark für die Weiterführung seiner Idee; schon am ersten Tag war der Wert des zerstörten Schiffes überschritten. Und 1909 klang es in einem Gassenhauer: «Zeppelin hin, Zeppelin her, Zeppelin hat kein Luftschiff mehr; Zeppelin auf, Zeppelin nieder, Zeppelin hat sein Luftschiff wieder.»

Dazu der erste Geschäftsführer der vor einem Dreivierteljahrhundert gegründeten Luftschiffbau Zeppelin GmbH, Kommerzienrat Alfred Colsman, in seinem Buch *Arbeit und Erleben am Werke Zeppelins:* «Mit der Spende kamen auch andere, mehr oder weniger nützliche Gegenstände: Schinken, Würste, wollene Strümpfe, Westen ... Aber im Keller des Zeppelinschen Hauptquartiers wurden auch Sendungen bester Weine geborgen.» So hatte der Bremer Ratskeller einer Weinsendung den Wunsch mitgegeben: «Möge die Güte dieser Weine den Grad unserer Hochachtung andeuten.»

Die Fülle der Spenden und Gaben brachte für Zeppelin und seine Umgebung «Zeiten gewaltig gesteigerter Lebensfülle» mit sich. Fürsten und Könige, selbst Kaiser Wilhelm II. tauchten in Friedrichshafen auf. Die Tafelrunde Zeppelins kam einer kleinen fürstlichen Hofhaltung gleich. Zeppelin war zwar ein guter Wirt, aber kein guter Kellermeister. Colsman: «Eines Tages kehrte er bestürzt aus dem Keller zurück; er hatte die Nutzniessung stiller Teilhaber feststellen müssen. Der wenig gehütete Schatz ging rasch zur Neige.»

Das Luftschiff LZ 127 «Graf Zeppelin» absolvierte unter der Führung von Dr. Hugo Eckener eine erfolgreiche Weltreise. Eine Teilnehmerin attestierte dem Luftschiff, es bestehe nicht nur aus Maschinen, Leinwand und Aluminium, sondern habe auch eine Seele. Und ein Zeppelin-Passagier betonte den Unterschied: «Im Flugzeug fliegt man, aber mit dem Zeppelin reist man.»

Bei einem Bankett zu seinen Ehren sollte auch Wilbur Wright, zusammen mit seinem Bruder Begründer des Motorflugwesens, ein paar Worte sprechen. Er erhob sich und sagte: «In der Natur fliegen alle Vögel, nur der Papagei redet. Nun, ich fliege und kann nicht reden.» Und setzte sich.

Weil ihm das Modell eines Luftschiffs ausnehmend gefallen hatte, bot der Kellner Heinrich Kubis dem Grafen Zeppelin seine Dienste an: Er wolle Fluggäste in der Luft bedienen. 1912 wurde er eingestellt: der erste Luftsteward und der Vorläufer der Lufthostessen.

Graf Ferdinand von Zeppelin, aus uraltem Adel, flog als 79jähriger mit Kapitän Ernst Lehmann im Luftschiff LZ 98 erstmals über das Land seiner Vorfahren und sagte über dem Dorf Zeppelin in Mecklenburg zum Kommandanten Lehmann: «Das alles da unten hat einmal meinen Vorfahren gehört. Aber die Herren haben alles versoffen.»

Aus Alfred Weitnauers «Lachendem Allgäu» dieses: «Alle gscheite Leut send Württeberger gwä!» trumpft der Frieder seinem Weib gegenüber auf, das «bloss» aus Baden stammt. Und zählt auf: «Dr Schiller, dr Uhland ond dr Mörike, aber au dr Daimler, dr Benz und dr Bosch und net zum vergesse dr Graf Zeppelin ...»
Da sagt seine Frau: «Worom bist denn noh eigentlich *du* nix gworde?»

Im Jahre 1812 nahm der Präsident des amerikanischen Patentamtes, Oliver Wendell Holmes, seinen Abschied, den er damit begründete, dass es seiner Meinung nach nun nichts mehr zu erfinden gebe. Nun ja! Zum Beispiel: 1814 baute George Stephenson die erste Lokomotive, 1885 konstruierte Carl Friedrich Benz den ersten Einzylinder-Viertakt-Benzinmotor, 1903 kam der erste Flug der Gebrüder Orvill und Wilbur Wright mit einem motorisch angetriebenen Flugzeug ...

Flugpionier Otto Lilienthal: In der Heimat verkannt, im Ausland geschätzt. Sein von ihm so genannter Normal-Segelapparat kostete damals 500 Mark. Mit dem 17. Exemplar, in das erstmals ein Motor eingebaut werden sollte, kam er am 9. August 1896 ums Leben. Auf seine Landsleute in und um Berlin machte er eher den Eindruck eines Alleinunterhalters. Wenn er, wie die *Süddeutsche Zeitung* berichtete, von dem 15 Meter hohen «Fliegeberg» in Berlin-Lichterfelde oder in den Rhinower Bergen zu seinen Gleitflügen ansetzte, fühlten sich die Zuschauer in einem Freilichtzirkus. Und es drängten sich immer mehr, die artistischen Glanzstücke des Flugpioniers zu sehen, nachdem der *Berliner Lokal-Anzeiger* 1894 geschrieben hatte: «Wenn jemand zwei Verrückte sehen will, muss er nach Lichterfelde gehen. Dort will der Lilienthal fliegen. Und ein Monteur namens Beylich hilft ihm dabei.»

Milton Wright, der Vater der ersten Motorflieger Orville und Milbur Wright, war Pastor in den Vereinigten Staaten und predigte: «Das Fliegen ist den Engeln vorbehalten, und wer behauptet, dass die Menschen eines Tages fliegen werden, der lästert ...»

Infanterieleutnant Henry Arnold bat 1911 in einem Gesuch um die Erlaubnis, bei den Brüdern Wright in Dayton fliegen zu lernen. Reaktion des zuständigen Regimentskommandanten: «Für einen jungen Menschen gibt es schönere Methoden, Selbstmord zu begehen.»
Dennoch: Arnold wurde im Zweiten Weltkrieg Chef der amerikanischen Luftstreitkräfte.

Die Motorfliegerei begann mit den Brüdern Wright. Orville Wright gelangen am 17. Dezember 1903 im nordamerikanischen Bundesstaat North Carolina vier Flüge. Der erste 36 Meter weit und 12 Sekunden lang, der ausgedehnteste mit 59 Sekunden in der Luft. Die Maschine: ein Doppeldecker mit 12 PS.

Die Brüder Wright telegraphierten ihrem Vater den Erfolg, erwähnten den längsten Flug, baten um Orientierung der Presse. Vater Wright, ein Geistlicher, informierte über seinen Sohn Lorin das Ortsbüro der AP, der Nachrichtenagentur Associated Press. Der AP-Chef in Dayton, Frank Tunison, winkte jedoch ab mit dem Argument, 59 Minuten in der Luft wären eine Meldung wert, nicht aber 59 Sekunden.

Viele hielten die Brüder Wright für Lügner, und weitherum sprach man von «lying brothers» statt von «flying brothers». *Paris Herald* schrieb unter dem Titel «Flieger oder Lügner» am 10. Februar 1907 im Leitartikel unter anderem: «Entweder sind die Wrights geflogen oder sie sind nicht geflogen. Entweder besitzen sie eine Flugmaschine oder sie besitzen keine Flugmaschine. Entweder fliegen sie oder lügen sie. Sicher ist: Fliegen ist schwierig, hingegen ist es leicht zu behaupten, ‹Wir sind geflogen›.»

Noch heute wird gelegentlich zitiert: «Flying is lying.»

Wilbur Wright wurde von einer Bewunderin gefragt: «Ist die Luft denn nicht ein wahnsinnig gefährliches Element?» Wright: «Nein, das einzig Gefährliche am Fliegen ist die Erde.»

Eine Grossmama, die Ende der zwanziger Jahre mit vier Enkelkindern von Chicago nach New York geflogen war, stöhnte beim Verlassen der Maschine: «Jetzt ist mir klar, warum Charles Lindbergh allein flog.»

LZ 127 – Graf Zeppelin

Länge 236,6 Meter, Durchmesser 30,5 Meter, Geschwindigkeit max. 128 km/h, Besatzung 30 Mann, 10 Wohnkammern mit je zwei Betten.

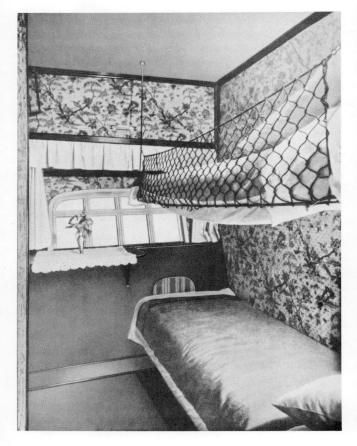

Eine als «Immelmann» bekanntgewordene Kunstflugfigur geht auf Max Immelmann, einen der Jagdfliegerpioniere, zurück. Er siegte im Ersten Weltkrieg in 16 Luftkämpfen. Und sagte einmal: «Ein Absturz aus 500 Meter Höhe dauert zehn Sekunden. Da hat man noch Zeit genug, um einmal ‹Heil dir im Siegerkranz› zu singen und ein ‹Hoch auf Seine Majestät› auszubringen.» Wenig später, am 18. Juni 1916, verlor er sein Leben im Kampf mit drei Gegnern.

1913 schrieb die britische *Daily Mail* einen Preis für den ersten Nonstopflug über den Atlantik aus. 1919 schafften der vormalige Kriegspilot John Alcok und sein Navigator Arthur Brown den Flug von Neufundland nach Irland. Winston Churchill, übrigens selbst Amateurpilot, überreichte den beiden den Preis der *Daily Mail* und sagte: «Ich weiss wirklich nicht recht, was ich an euch am meisten bewundern soll: euern Mut, euer Können oder euer Glück.»

Charles Lindbergh, 1902 geboren, sorgte mit 25 Jahren für das sensationellste fliegerische Ereignis der zwanziger Jahre: Alleinflug nonstop von New York nach Paris. Seine Maschine, auf den Namen «Spirit of St. Louis» getauft, liess er bis in alle Details nach eigenen Angaben konstruieren. Um eine möglichst leichtgewichtige Maschine zu haben, bat er sogar um die behördliche Erlaubnis, ohne Positionslichter fliegen zu dürfen. Der zuständige Unterstaatssekretär für Luftfahrt, Bill MacCracken, bewilligte das Gesuch. Ausnahmsweise, wie er betonte, weil: «Dort, wo Sie fliegen, wird ja kaum viel Nachtverkehr sein.»

Prinz Charles erzählte vor Jahren: «Eine australische Stewardess hat einmal zu mir gesagt: ‹Mein Gott, was für einen elend langweiligen Job Sie haben.› Ich glaube, sie hatte recht.»

Charles Lindbergh beschreibt das Ende seines Alleinflugs über den Atlantik im Jahre 1927 folgendermassen:

«In einer Stunde werde ich landen, aber merkwürdigerweise eilt es mir gar nicht damit. Ich verspüre nicht die geringste Müdigkeit. Nirgends tut mir etwas weh. Die Nacht ist kühl und ruhig. Ich möchte nur immer im Cockpit sitzen und mir vergegenwärtigen, dass ich diesen Flug geschafft habe ... Es ist wie das Bezwingen eines Berges einer seltenen Blume wegen. Ist man ihr endlich auf Armeslänge nahe, dann merkt man, dass Glück und Befriedigung mehr im Finden als im Pflücken liegen. Fast wünschte ich, Paris läge noch ein paar Stunden weiter. Eigentlich ein Jammer, in einer so klaren Nacht und mit so viel Brennstoff in den Tanks zu landen.»

Zum «Internationalen Flugmeeting 1927» in Dübendorf wurde in der Zürcher Kleinkunstbühne «Bonbonnière», Bahnhofstrasse 72, über dem «Café des Banques», ein Schlager mit dem Titel «Kinder, heute ist Propeller Trumpf» aufgeführt. Text: Victor Zwicky, Journalist am *Tages-Anzeiger*. Komponist: Albert Hengartner. Interpret: der Conférencier Carl Sedlmayr.

«Viel Ungereimtes paarte sich da um des Reimes willen», vermerkte im nachhinein ein Chronist. Und das Lied ging so:

«In Dübendorf ist Flugtag heut',
da gehn wir mal hinaus,
da trifft man lauter frohe Leut'
und sucht sich etwas aus:
Die Emmy, Mizzi, Mariette,
die ganze Bahnhofstrass,
Tout Zürich ist in Dübendorf,
das gibt ein' Heidenspass.
Kinder, heute ist Propeller Trumpf!
Und wir fliegen in die Höhe',
morgen sind wir wieder tief im Sumpf
in der schönen Stadt am Zürichsee!

Das Flugmeeting, ihr lieben Leut',
ist international,
weil alle Menschen Brüder heut
in der Luft und auch im Tal.
Dort oben hoch im Aeroplan
schliesst Herz an Herz sich leicht,
und kommt ihr auf der Erde an,
so ist das Ziel erreicht!
Kinder, heute ist Propeller Trumpf!
Fort die Sorgen, fort die Klagen, fort die Pein,
morgen sind wir wieder tief im Sumpf,
drum lasst uns heute fröhlich sein!

Die Gattin des Ozeanüberquerers Charles Lindbergh schaut sich mit ihrem elfjährigen Töchterchen im Kino den Film «Mein Flug über den Ozean» mit dem Flug ihres Mannes von New York nach Paris anno 1927 an. Mitten im Film fragt das Töchterchen neugierig: «Mammi, schafft er's?»

Transozeanflieger Charles Lindbergh: «Unsere Zeit ist verrückt. Der Flug in den Weltraum geht immer schneller, aber die Fahrt ins Büro dauert immer länger.» So nachzulesen 1966; Lindberghs grosse Zeit war 1927 gewesen.

Wenige Tage nach dem Abflug von Nungesser und Coli startete Charles Lindbergh mit seiner Maschine «Spirit of St. Louis» am 20. Mai 1927 in New York und landete spätabends am folgenden Tage auf dem Pariser Flughafen Le Bourget. Er wurde von einer riesigen Menschenmenge empfangen. Myron Herrick, USA-Botschafter in Paris, teilte ihm nach der Landung das offizielle Besuchsprogramm mit: Vorweg Empfang mit dem Staatspräsidenten im Élysée-Palast, danach Empfang mit dem Bürgermeister im Rathaus, schliesslich Empfang beim Aero Club. Lindbergh: «Okay, aber zuallererst besuche ich die Mutter Nungessers.»

Nachdem Charles Lindbergh 1927 die Strecke New York–Paris im Alleinflug bewältigt hatte, war er mit einem Schlag berühmt. Manch einer nahm sich damals vor, Flieger zu werden. So der amerikanische Komiker Will Rogers. Er fragte bei Gelegenheit Lindbergh, wie man bei einer Notlandung auf freiem Feld die richtige Windrichtung feststellen könne. Lindbergh trocken: «Man beobachtet die Wäsche an den Wäscheleinen.» Rogers: «Und wenn nirgendwo Waschtag ist?» Lindbergh: «Dann muss man halt auf einen Waschtag warten.»

Rogers liess sich durch diese abweisende Auskunft nicht beirren. Fliegen wurde seine Leidenschaft, und er ist bei einem Flug zusammen mit Wiley Post um die Erde tödlich verunglückt.

Was Charles Lindbergh als erster im Alleingang geschafft hatte, wurde fürs Flugwesen zur Selbstverständlichkeit: Überquerung des Atlantiks, Flug von New York nach Paris. Lindbergh war Jahre nach seiner spektakulären Leistung in Paris zu einem Bankett eingeladen. Eine ihm unbekannte Tischnachbarin guckte auf sein Tischkärtchen, las den Namen ab und fragte: «Sagen Sie, Herr Lindbergh, ist dies Ihr erster Besuch in Paris oder waren Sie früher schon einmal hier?»

Anfang Oktober 1919 besuchte der berühmte Kampfflieger Charles Nungesser auf einer kleinen «Spad» die Schweiz. Der Schweizer Flugpionier Armand Dufaux hatte für ihn übrigens in Paris ein Flugzeug mit einer durch die Propellerachse schiessenden Kanone gebaut.

Am 8. Mai 1927 startete Nungesser mit Partner Coli zu einem Ozeanflug. In der Pariser Zeitung *La Presse* vom 9. Mai 1927 las man über die Ankunft der Ozeanflieger unter anderem: «New York, 5 Uhr. – Als Nungessers Flugzeug auf der Reede von New York auftauchte, flog ihm Commander Poullois, Chef der Marine-Jagdflieger, mit einer Eskadrille entgegen, die eine Ehreneskorte bildete. In dem Augenblick, wo das Flugzeug in Sicht kam, wurden auf allen Schiffen Flaggen gehisst, während die Dampfersirenen zu heulen begannen ... Nach der glatt verlaufenen Wasserlandung wurde der Apparat sogleich von zahlreichen Fahrzeugen umkreist, während viele Wasserflugzeuge ihn in geringer Höhe überflogen.»

Und dann: «Nach der Wasserlandung verharrten Nungesser und Coli einen Augenblick unbeweglich in ihrem Apparat ... darauf erhoben sich beide von ihren Sitzen und umarmten einander.» Nungesser und Coli, von einer riesigen Menschenmenge erwartet, wurden im Autoboot an den Kai gebracht. Dort: Prominenz, Journalisten, Filmoperateure, Jubel. Abschliessend: «Nungesser hat bisher keinen Bericht über seinen Flug gegeben; er sagte einfach, dass er über das Gelingen des Unternehmens glücklich sei und dringend nach Ruhe verlange.»

Soweit *La Presse* in Paris. Aber: In Tat und Wahrheit haben Nungesser und Coli New York nie erreicht; sie sind seit dem 8. Mai 1927 verschollen ...

Die Schweizer Flugwaffe ist am 1. August 1984 70 Jahre alt geworden. Am 1. August 1914 nämlich, bei Ausbruch des Ersten Weltkriegs und Mobilmachung der Armee, besammelte Hauptmann Theodor Real auf dem Berner Beundenfeld die ersten freiwilligen Zivilflieger und beschlagnahmte kurzerhand die an der Landesausstellung in Bern ausgestellten ausländischen Flugzeuge. Mit neun Piloten, darunter der berühmte Oskar Bider als Fluglehrer, und mit acht verschiedenen Flugzeugtypen wurde 1914 der erste militärische Flugdienst aufgenommen. Bald danach übersiedelten die Militärflieger nach Dübendorf, fortan Zentrum der Militäraviatik in der Schweiz.

Pointiert

«Bei Gewitterflügen», sagt Robert Lembke, «fangen die Passagiere an, ihren Passbildern immer ähnlicher zu werden.»

Noch 1919 schrieb Karl Kraus skeptisch: «Mir ist es noch immer ein grösseres Wunder, wenn eine Fliege fliegt, als wenn es ein Mensch unternimmt.»

Splitter nebenbei: «Die Welt ist klein. Nur auf der Fahrt vom Flughafen in die Stadt merkt man nichts davon.»

Munterer Schüttelreim: Sie wurde schwach beim Segelfliegen, so konnte leicht der Flegel siegen.

«Wer», meckerte einst der Kabarettist Werner Finck, «die Redensart erfunden hat von der Zeit, die wie im Fluge vergeht, der hat noch keine langen Flugreisen gemacht.»

So ungefähr sind wir: Bewohner der Umgebung von Flugplätzen protestieren gegen den Fluglärm. Anders herum gesagt: In die Ferien fliegen will der Mensch, davon hören aber will er nichts.

Vergleichsweise: Der Rettungshelikopter ist für die Alpinisten das, was für die Gläubigen früher der Engel war: die Hoffnung, noch einmal davongekommen zu sein.

Ein Slogan der SBB: «Der Kluge fährt im Zuge.»
Ein Scherzbold ergänzte: «Der Klügere nimmt die Flügere.»
Echo aus dem Ausland: «Der Laie fliegt, der Fachmann fährt mit der Bahn.»

Professor Edgar Harryson aus Manchester behauptete in einem Interview: «Es gibt zwei Dinge, die in den letzten Jahren die Menschen einander schnell und unkompliziert nähergebracht haben: die Düsenmaschine und der Minirock.»

Die Schriftstellerin Ursula von Wiese: «Der schönste Augenblick des Fliegens ist die Sekunde, in der die Maschine nach guter Ziellandung behutsam aufsetzt und auf dem festen Boden ausrollt. Ich begreife, warum sich die Berühmtheiten immer photographieren lassen, wenn sie aus dem Flugzeug steigen, und warum sie dann ein strahlendes Lächeln zeigen.»

Definition: Luftpiraten sind Passagiere, die das Flugzeug unterwegs chartern.

Slogan einer amerikanischen Fluggesellschaft: «Fly now, pay later.» Von Humoristen für Wartesituationen wegen dichten Nebels abgeändert in: «Pay now, fly later!» Also: «Zahl jetzt, flieg später!» Schlag in die Kerbe: «Heute erwartet, morgen gestartet.»

Ein Wink von Jan Herchenröder für Männer, die im Flugzeug reisen: «Die Stewardess sieht immer gut aus und benimmt sich, als ob gerade Sie ihr liebster Fluggast seien. Lassen Sie sich dadurch nicht beirren, denn hier gilt das gleiche wie in den Lebensmittelgeschäften: ‹Anfassen verboten!›»

Übrigens: «Ich kann fliegen», sagte der Wurm, als er mit dem Apfel vom Baum fiel.

Altes Fliegerscherzwort: Eine schlechte Landung hat man dem Flugkapitän zu verdanken, eine gute dem Co-Piloten, eine glänzende dem Steward.

Echo aus der Anflugschneisengemeinde: «Fliegen wie ein Vogel, das hat der Mensch gelernt. Jetzt muss er nur noch einen Weg finden, genauso leise wie ein Vogel zu fliegen.»

Geoffrey Willans stellte fest: Flughäfen, wo immer in der Welt sie sich befinden, haben eines gemeinsam: sie sind nie fertig.»

Sinniert einer: «Da heisst es immer, dank Fliegen sei die Welt kleiner geworden. Und dennoch steigen die Flugpreise stetig.»

«Das Aufregendste an der Fliegerei», sagt Pilot Rudolf Braunburg, «sind die Flughäfen. Welcher Tragödiendichter hat jemals die Nöte einer Besatzung besungen, die der aufliegende Nebel des anzufliegenden Zielhafens zum Ausweichhafen gezwungen hat?»

Der Aphoristiker Zarko Petan schrieb: «Schon allein deshalb wäre ich gerne Pilot, um besser auf die Welt spucken zu können.»

Die Arbeitsgemeinschaft Christlicher Motorradfahrer anno 1985: «Fahre nie schneller, als dein Schutzengel fliegen kann!»

Der Autor des «Narrenkarrens» im Nebelspalter anno 1984: «‹Fasten seat belts please – bitte anschnallen!› sagt die Hostess und lächelt. Bis heute habe ich nicht herausgefunden, was es dabei zu lachen gibt.»

Was sagte doch C. G. Jung seinerzeit? Dieses: «Es ist leichter, zum Mars vorzudringen als zu sich selbst.»

Der Weltraumaffe Ham gehört ebenfalls zu den Raumfahrtpionieren.

Nach Gerd Karpe haben Frauen das Strickzeug, Männer das Flugzeug erfunden. Karpe dazu: «Besser Maschen fallen lassen als Bomben.»

Ein Wort von Robert Lembke: Flugzeug – eine Möglichkeit, Autos in sicherem Abstand zu überholen.

Rajiv Gandhi, indischer Ministerpräsident seit 1984, zuvor Flugkapitän gewesen: «Beim Fliegen muss man die Lage richtig einschätzen, schnell reagieren und entschlossen handeln – keine schlechte Vorübung für die Politik.»

Jet-Flugzeuge seien, witzelte einer um 1960, doppelt so schnell, dreimal leistungsfähiger, viermal schwerer, sechsmal stärker und achtmal teurer als die Flugzeuge von 1950.

Fliegen ist der Traum vieler Menschen. Nur in der Suppe will sie keiner haben.

Pilot und Flugbuchautor Rudolf Braunburg: «Auch der hartnäckigste Skeptiker wird nicht leugnen können, dass die Gefahr, während des Fliegens von einem Auto überfahren zu werden, verhältnismässig gering ist. Schon deshalb sollte man sich gelegentlich in die Lüfte begeben, mit der gleichen Regelmässigkeit, mit der man ein Bad nimmt, über das Fernsehen schimpft oder nach Venedig fährt.»

Der Schweizer Aphoristiker Markus M. Ronner in seinem «Moment-mal»-Bändchen: «Ein Unglück kommt selten allein», sagte der Pilot kurz vor dem Aufprall, als sein Schleudersitz klemmte.

Thaddäus Troll: «Das Flugzeug – ich weiss, dass vom Duft der grossen, weiten Welt umdünstete Menschen ‹Maschine› sagen ...»

Vergleichsweise: «In Anbetracht dessen, wohin man fliegen wollte, besteht das Leben aus Notlandungen.»

Nochmals eine Handvoll Anekdoten

Kurt Waldheim, ehemaliger Uno-Generalsekretär, 1986 österreichischer Bundespräsident geworden, verbreitete im Karneval 1985 als Pechvogel Frohsinn. Als der Exdiplomat in Salzburg landete, um im Schloss Klessheim den «Stier von Hohensalzberg», den einheimischen Narrenorden, zu empfangen, starrte er auf dem Flughafen vergebens aufs leere Gepäckband: Die Koffer waren unauffindbar. Das Missgeschick verarbeitete er am Abend in einer Rede vor dem Salzburger Narrensenat mit einer Anekdote aus alten Uno-Zeiten: In Obervolta sollte er zum Volk sprechen. Als er erwartungsvoll auf den Balkon des Präsidentenpalais trat, ging es ihm mit den Bewohnern von Obervolta wie mit seinen Koffern auf dem Flugplatz: Sie waren nicht da. Die Regierung hatte vergessen, Waldheims Auftritt anzukündigen.

Sie habe, erzählte die Zürcher Journalistin und Reisespezialistin Dr. Charlotte Peter 1985, eigentlich nur fröhliche oder komische Erinnerungen an Kloten. Zum Beispiel: Da war die vornehme alte Russin, die nochmals ihre Geburtsstadt St. Petersburg sehen wollte und die sich immer wieder erschrocken vor der Aeroflot-Maschine bekreuzigte. Einige Tage später aber vertraute sie Charlotte Peter an: «Man muss ja zugeben, die Kommunisten haben vieles geleistet. Nur eins ärgert mich: Zu meinen Zeiten pflegten die Offiziere in den Logen des Bolschoi zu stehen. Jetzt setzen sich die Offiziere hin – diese Flegel.»

Und: Da war der Mann, der sich, mit Ski beladen, zum Flug nach Bangkok meldete. «Sie gehen wohl nachher noch in den Himalaja?» erkundigte sich die Hostess freundlich. Der Mann starrte sie verständnislos an, und dann stellte sich heraus, dass der Sportliche, der wohl sämtliche Geographiestunden verschlafen hatte, im Reisebüro schlicht nach «so richtig schönen und teuren Winterferien» gefragt hatte und hierauf prompt nach Bangkok vermittelt wurde.

Prinzessin Martha von Habsburg wurde nach einem Europa-Besuch bei ihrer Einreise auf dem New Yorker Flughafen vom Zollbeamten gefragt, was sie im Ausland gekauft hätte. Sie erwiderte: «Wir kaufen nicht – wir erben.»

Noch vor wenigen Jahrzehnten war die Pilgerfahrt nach Mekka eine beschwerliche und lange Karawanenreise. Heute kommen die Pilger in modernen Passagierdampfern und Fähren über das Rote Meer, oder sie kommen – und das sind die meisten – im Jumbo-Jet. 1984 wurden auf dem 1981 eröffneten Pilger-Flughafen von Dschiddah, auf dem in der kurzen Pilgersaison täglich 140 Maschinen landeten, 800 000 Pilger abgefertigt. Mit dem traditionellen Schlachtopfer auf dem Berg Arafat bei Mekka, bei dem in Anlehnung an das Schlachtopfer Abrahams Tausende von Schafen, Ziegen und Kamelen geschlachtet werden, geht die «grosse Pilgerfahrt» jeweils zu Ende.

Danielle Décuré, Frankreichs erste Verkehrspilotin ab 29. Januar 1973, erzählt: In St-Tropez musste sie als junge Sportfliegerin zu einem Flug starten, zusammen mit einem nicht mehr ganz jungen Partner am zweiten Steuer. Da er bei den Startvorbereitungen unsicher wirkte, machte sie ihm den Vorschlag, vorweg zuerst eine Flugplatzrunde zur Einstimmung zu fliegen. Der Partner winkte ungnädig ab mit dem Hinweis, er sei schon im Feldzug 1940 geflogen, also zu einer Zeit, da Danielle noch gar nicht auf der Welt gewesen sei. Worauf sie keck reagierte: «Jetzt verstehe ich, warum wir diesen Feldzug verloren haben.»

1984. Monatelang waren Reagan und Mondale auf Wahlkampfreise durch die USA. Der Präsident flog das Staatsflugzeug Air Force One, Mondale eine gecharterte Boeing 727. Im Schlepptau das «Zoo Plane» mit einer Schar von Journalisten an Bord. Viel Leerlauf dabei. Laut Hamburger *Stern* vom 31. Oktober 1984 strickte zum Beispiel die blonde Tontechnikerin Carol von CNN (Cable News Network) innert zehn Wochen 16 Pullover. Clayton vom «Boston Globe» paukte zwei Fernlehrgänge Spanisch durch.

Und Morton von ABC-TV, seit März 1984 191 Tage auf den Spuren Mondales gewesen, interessierte sich nach der gleichen Quelle nicht in erster Linie für den Präsidentschaftskandidaten, sondern fürs «Orangen-Roulette». Bei jedem Start des Flugzeugs rang er um den Sieg. Da wird eine Orange während des Starts durch den Gang gestossen wie eine Kegelkugel. Beim Rücklauf trifft sie entweder die Kühlschranktür der Bordküche (kein Preis), die rechte oder linke Toilettentür (Zehntelpreis). Um die eingesetzten Dollars zu gewinnen, müsste die Orange in einem an die Hecktür gemalten schwarzen Kreis landen. Horton reüssierte nicht und fragte am Ende der Wahlkampfreise: «Was haben Mondale und ich gemeinsam? Keinen Erfolg!»

Walter «Fritz» Mondale, Demokrat, der 1984 für die US-Präsidentschaft kandidierte, verriet im Wahlkampf: «Ursprünglich wollte ich Pilot oder Jockey werden.»

Im letzten Fernseh-Duell vor den Präsidentenwahlen vom 6. November 1984 behauptete Ronald Reagan, 73, sein Herausforderer Walter Mondale, 56, habe alles getan, um Amerikas Verteidigung zu schwächen. Auf ein Wahlplakat anspielend, das Mondale auf einem Flugzeugträger beim Beobachten von Düsenjägern zeigt, frotzelte Präsident Reagan: «Er hätte sich im Wasser stehend photographieren lassen sollen, denn er selbst hat ja im Senat gegen den Bau dieses Flugzeugträgers und auch gegen die Beschaffung der gezeigten Jets gestimmt!»

Léon Epp, der Direktor des Wiener Volkstheaters, erzählte 1964 dies: «Als ich neulich mit dem Flugzeug ‹Johann Strauss› von Wien nach Zürich flog, haben mich vor dem Start die Flughafenphotographen fleissig geknipst. Während des Fluges wurde ich dann von einem Mitreisenden angesprochen: ‹Verzeihung, warum wurden Sie beim Abflug so eifrig photographiert?›
‹Keine Ahnung!›
Nach einer Pause: ‹Sind Sie vielleicht der Johann Strauss?›»
Und nachdem Léon Epp energisch verneint hatte: «Das hab ich mir doch gleich gedacht, der Strauss muss ja viel älter sein.»
Beiläufig: Johann Strauss Vater (Komponist des Radetzkymarsches) starb 1849, Johann Strauss Sohn (Walzerkönig, «Fledermaus» und «Zigeunerbaron») starb im Jahre 1899!

Die Karriere des Piloten verläuft parallel zu seinem Alter. Jumbo-Captain kann er erst nach viel Praxis mit andern Modellen werden. Daher das Swissair-Scherzwort: «Im Cockpit der Jumbos ist zusätzlich ein Anschluss für einen Herzschrittmacher eingebaut.»

Anhänger des indischen Yogi Maharishi Mahesh Yogi demonstrierten im Sommer 1986 in Köln und Berlin das «yogische Fliegen». Mit Hilfe der «transzendentalen Meditation» soll es möglich sein, sich bei höchster Konzentration in die Lüfte zu erheben. Dass aus der Flugstunde nur ein lustiges Hüpfen wurde, führten die Veranstalter auf «mangelnde Vergeistigung» der Flugaspiranten zurück, wie die *Kölnische Rundschau* meldete.

Im März 1986 wies Marcel Dassault, 94jähriger Pionier der französischen Luftfahrtindustrie, eine Zeitungsmeldung über seinen Tod zurück: «Mir geht es nicht schlecht. Ich habe eine Grippe, aber das geht vorbei. In der Nationalversammlung werde ich wie üblich als Alterspräsident die Eröffnungsrede halten.»

Am 10. August 1982 veröffentlichte die *Neue Zürcher Zeitung* ein ihr zugegangenes Schreiben: «Gestern bin ich in Kloten gelandet, und es hat mich sehr gefreut, am Flugplatz eine Aufschrift ‹Willkommen› in vielen Sprachen zu lesen. Nur in Hebräisch waren die Buchstaben verkehrt gedruckt. Muss man sich bei Euch auf den Kopf stellen, um Hebräisch zu lesen? Warum? Ein herzliches ‹Grüezi› Ing. E. K. aus Haifa.»
Nachschau ergab: der Mann hatte recht. Es war allerdings weder die offizielle Schweiz noch das offizielle Zürich, das seine Gäste gleich elfsprachig begrüssen wollte. Sondern der Leuchtkasten im Treppenaufgang, den ankommende Fluggäste im Terminal B des Flughafens passieren, warb für ein internationales Kreditkartenunternehmen und war unterzeichnet mit dem Slogan «We speak your language». Dazu die *NZZ:* «Darf daher gehofft werden, dass die Sache nur beim Schreiben teilweise verkehrt herausgekommen ist?»

Ungeduldige und ängstliche Passagiere, die schliesslich noch zu «stürmen» anfangen, beruhigt man nach Angaben eines Swissair-Captains am besten mit dem Hinweis: «Es ist noch keiner droben geblieben.»
Ähnlich eine geflügelte Wendung: «Runter kommen Sie immer.»

Die aus der heutigen Sicht «gute alte» DC-3 hiess bei der Royal Air Force Dakota, bei der US-Navy Skytrain, bei der US-Air Force C-47, und der Kosename «the grand old lady» existiert noch immer. Eisenhower sagte einmal, die DC-3 und der Jeep hätten den Hauptbeitrag zum Sieg der Alliierten in Zweiten Weltkrieg geleistet. (Rudolf Braunburg nannte sie «Marlene Dietrich der Lüfte».)

Die DC-3 gehörte in die Epoche der romantischen Fliegerei, vor allem auf Europastrecken mit Nightstops in München, Rom, Düsseldorf und so weiter. Damals entstanden auch traditionelle Bräuche unter der Besatzung. Bei ihrem ersten Aufenthalt in Rom mussten zum Beispiel Copiloten die Hostess über die spanischen Treppen hinauftragen. Hostessen hatten beim ersten Aufenthalt in München im Hofbräuhaus eine Mass Bier zu trinken, entweder in einem Zuge ex oder aber, auf dem Tisch stehend, in mehreren Zügen.

Der Zürcher Hermann Nabholz von Grabow (1869–1955), letzter Schlossherr von Hilfikon im Aargau gewesen, gehörte 1886 zu den Gründern des Grasshopper-Club. Er war ebenfalls unter den ersten Zürcher Automobilisten, fuhr am 14. Dezember 1902 auf den Uto-Kulm bei Zürich, wo streckenweise Tannzweige als Unterlage auf dem Schnee verwendet werden mussten. Im Weltkrieg 1914–1918 bekleidete er im Generalstab den Grad eines Kavalleriemajors.

Im November 1914 absolvierte Nabholz, wie Robert Stäger einst im «Freiämter Kalender» berichtete, als Sportpionier einen Passagierflug und erwarb am 30. August 1921 im Alter von 52 Jahren das schweizerische Sportflieger-Brevet. Danach flog er jeweils um acht Uhr früh vom Schloss Hilfikon an die Arbeit nach Zürich. Bis zu seinem 70. Altersjahr steuerte er Flugzeuge verschiedenster Typen, begleitete einmal als zweiter Pilot Walter Mittelholzer auf einem Afrikaflug, absolvierte insgesamt rund 2000 Flüge. Und erzählte: «An meinem 70. Geburtstag flog ich noch eine halbe Stunde Akrobatik über dem Luganersee. Es war dies für mich das schönste Geschenk, das ich mir hätte erbitten können!»

Am 7. Januar 1960 stürzte in der Nähe von Sisseln eine schweizerische Venom ab. Der 23jährige Pilot verlor dabei sein Leben. Es stellte sich heraus, dass der verantwortliche Oberleutnant seine Doppelpatrouille auf eigenes Risiko über dem Flugfeld in Sisseln dicht über dem Boden Achterfiguren ausführen liess, um die dort trainierenden Swissair-Kollegen zu grüssen.

Der Auditor des Divisionsgerichtes stellte über diesen Einzelfall hinaus eine Liste ähnlicher halsbrecherischer Extratouren zusammen, die aber ohne böses Ende abgegangen waren. Sie heissen im Fliegerjargon «Verwandtenflüge» und dienen laut damaligem Pressebericht «dann und wann auch als Huldigungsgabe für Damen des Herzens und ersetzen das ehemalige Ständchen, werden aber, weil gefährlicher als die Romanzen von einst, disziplinarisch bestraft».

Der Franzose Delprat präsentierte im Jahre 1892 dem staunenden Publikum zwei Tret-Helikopter-Modelle, wobei das Ungetüm links 130 kg wog, während die leichtere Variante mit nur 20 Kilo Eigengewicht (rechts) vielversprechender war. Geflogen sind allerdings die beiden Strampelhelikopter nie ...

Jeder Pilot hat das Gefühl, er fliege die beste Maschine. Entsprechend nimmt man sich gegenseitig «hoch». Angeblich necken sich auch Flugzeuge unter sich. Drum, am Rande der Salonfähigkeit und in Anspielung auf den Sextourismus, ein berühmter Fliegerwitz: Eine DC-10 und ein Jumbo stehen im Dock in Kloten. Die DC-10 neckend: «Du fliegst natürlich nur nach New York, aber ich fliege nach Bangkok.» Darauf der Jumbo: «Das brauchst du mir nicht zu sagen, ich seh's an deinem Geschwür am Schwanz.»
PS: Die DC-10 hat ein Triebwerk am Schwanz.

Grenzüberwachung während des Aktivdienstes. Ein Staffelpilot sichtet rechts unten ein deutsches Flugzeug. Und meldet mit dem Bambini-Code, einer verschlüsselten und heute noch für taktische Einsätze verwendeten Funksprache, seinem Staffelkapitän: «Diaboli rera basso.» Als er bemerkt, dass der Kapitän das fremde Flugzeug nicht findet, fragt er per Funk: «Domanda vista? Gemeldetes gesehen?»
Hierauf der Staffelcaptain, der nicht zugeben will, dass er nichts sieht, paradox: «Ja schon, aber wo?»

Die Flensburgerin Ingrid Jung berichtete: «Meine Mutter machte mit 60 Jahren ihre erste Flugreise in die Ferien. An Bord stellte sie fest, dass ihr Platz direkt neben der Eingangstür war und dass es stark zog. Da sie sehr anfällig für Erkältungen ist, bat sie ein Mitglied der Crew um einen anderen Sitzplatz. Sie könne unmöglich einen zweistündigen Flug neben der offenen Tür unbeschadet überstehen. Der vermeintliche «Steward» war der Pilot selber. Mit charmantem Lächeln fragte er, ob dies ihr erster Flug sei, was sie verlegen bejahte. Darauf sagte der Flugkapitän: «Wir pflegen zwar die Türen während des Fluges zu schliessen. Aber ich habe einen anderen Platz für Sie. Er reichte ihr seinen Arm und geleitete sie zum schönsten Platz des Flugzeugs: einem Sitz im Cockpit.»

Im Tausendjährigen Reich war Generalfeldmarschall (ursprünglich Flieger) Erhard Milch Generalinspektor der Luftwaffe und General-Luftzeugmeister. Drum notierte Kabarettist Werner Finck beim Fliegen: «Da verschwindet auf einmal die grosse Stadt Berlin unter einem weissen undurchdringlichen Schleier. Rechts ist Nebel, links ist Nebel, vorn und hinten alles Nebel. Das einzige, was sichtbar bleibt, das sind wir und unser Flugzeug. Ringsum Milch. Wie komme ich auf Milch? Ich weiss schon: weil wir fliegen.»

Exflieger Hermann Göring verkörperte auch von der Erscheinung her den Bonvivant. Und es zirkulierte der Vers:
«Komm Adolf, sei du unser Gast und gib uns alles, was du uns versprochen hast. Gib uns aber nicht bloss Pellkartoffeln und Hering, sondern lass uns leben wie Goebbels und Göring!»

Von der guten Martinsgans hiess es galgenhumorig im Dritten Reich, sie müsse sein: braun wie Hitler, schlabberig wie Goebbels, fett wie Göring und so gut gerupft wie das deutsche Volk.

Spottvers aus dem Dritten Reich:
Bei Kaiser Wilhelm und Kaiser Franz gab's sonntags eine Gans. Bei den Demokraten gab's sonntags noch einen Braten, doch bei Hitler und bei Göring reicht es nur noch zum Hering.

Ein Slogan von Göring: «Der Krieg wird in der Luft entschieden.» Drum die vorzeitige Prophezeiung: Hitler, Goebbels und Göring hängen nach Kriegsende am Galgen. Und Flieger Göring ein letztes Mal rechthaberisch und röchelnd zu Goebbels: «Ich habe es dir ja immer gesagt: Die Sache wird in der Luft entschieden!»

Bei der einen und andern Gelegenheit kommt es in der Schweiz vor, dass Männern, die mit von der Partie sind, die Krawatten unterhalb des Knotens abgeschnitten werden. Bei den Fliegern ist's ein alter Brauch: Kameraden schneiden Piloten, die einen ersten Alleinflug ohne Zwischenfälle absolviert haben, die Krawatte ab. In Deutschland (und vermutlich auch anderswo) müssen bei Pilotinnen meistens die Büstenhalter dranglauben.

DC-9 in Warteposition vor Piste. Startfreigabe wird durch landende Flugzeuge verzögert. Die Hostess kommt ins Cockpit und fragt: «Warum starten wir nicht?» Der frischgebackene Captain: «Wir müssen noch Mut fassen.»

In seinen Splittern aus dem Leben eines Segelflugschülers berichtete Anton Pfeffer anno 1945:
«Die Hälfte seines Fliegerlebens verwartet der Pilot vergebens. Mal regnet's, mal macht einer Bruch, mal ist der Wind nicht stark genug, mal hat die Winde kein Benzin, mal sind die Steuerseile hin, mal fehlt die Zulassung der Krähe, mal sind Gewitter in der Nähe, mal stürmt's, dass sich die Bäume biegen, kurzum: man lässt Dich niemals fliegen. Ja, vor dem schönen Wörtchen ‹starten›, da steht ein grosses ‹Warten, warten ...›»

Friedel Dietrichkeit aus Bad Pyrmont beobachtete vom Fensterplatz im Zug aus den tränenreichen Abschied eines Rekruten von seiner Mutter. Danach kam der junge Mann in ihr Abteil, stellte sich winkend ans Fenster und murmelte: «Eigentlich wollte ich ja zur Marine, aber das wollte meine Mutter nicht. Sie sagte immer, Wasser habe keine Balken.»
Friedel Dietrichkeit fragte: «Und zu welcher Einheit kommen Sie jetzt?» Worauf der junge Mann strahlend: «Zu den Fallschirmjägern.»

Der Flugkapitän und Fliegerbuchautor Rudolf Braunburg berichtete 1961, er habe in der Nähe Dakars eine zufällig auf einer Wanderung getroffene Dame mit dem Hinweis zu verblüffen versucht: «Was Sie dort oben gerade vorüberfliegen sehen, ist eine DC-6 auf dem Wege nach Paris. Sie ist um zwölf Uhr dreissig in Dakar gestartet.»

Darauf die Dame: «Sie irren sich gewaltig. Das dort ist die DC-4 nach Casablanca. Ihre DC-6 kommt frühestens in fünf Minuten vorüber!»

Braunburg dazu: «Da war's eine Stewardess der Air France.»

Annonce vom 13. Oktober 1972. «Verbundenheit» von Volk und Armee!

Zu mieten gesucht

Fliegerabwehrkanone

zum Einsatz gegen Helikopter, die für Werbefirmen Aufnahmen im Birsigtal durchführen.

Offerten unter Chiffre U 03-70823 an den Birsigtal-Boten.

Nach einem Flug schrieb der Dichter Hermann Hesse 1928: «Das Land meiner Jugend lag unter mir wunderlich entfaltet, sehr weit, sehr farbig, es schimmerte blass der Bodensee, und der Hohentwiel steckte wie ein vom Riesen entworfener Kiesel in der Erde. Und schon war ich der sogenannten Heimat nahe, wo all die Pflichten und Briefe warteten, und wäre lieber weitergeflogen. Aber die Technik, so hübsch sie ist, hat ihre Grenzen, es gab kein Pardon, kein Weiterfliegen, an der Endstation musste ich unweigerlich aussteigen. Sobald es Flugzeuge mit langen Dauerflügen geben wird, auf denen man wie auf einem Segelschiff Wochen und Monate lang leben kann, werde ich mich bei der Lufthansa nach den Bedingungen erkundigen.»

Unter den Milliardären dieser Welt war wohl Howard Hughes der grösste Sonderling. Der frühere Fliegerheld zog sich Mitte der fünfziger Jahre von der Welt zurück, lebte und arbeitete in Abgeschiedenheit. Er war von einer chronischen Angst vor Bakterien befallen. Seine Angestellten durften alles nur mit Gummihandschuhen anfassen, was sie ihm reichten. Seine Privatpiloten mussten sich in Cellophan hüllen, ehe sie sein Flugzeug bestiegen. Seine Geschäfte führte er aus Angst vor Überwachung von öffentlichen Telefonzellen oder von Toiletten aus. Und er blieb so lange verschwunden, dass mache ihn schon für tot hielten. Als er wirklich starb, stellte sich heraus, dass er selbst seinen Tod inszeniert und mit seinen sechs Leibwächtern, alles Mormonen, immer wieder geprobt hatte: Er wollte im Flugzeug sterben – und das gelang ihm auch.

1970 aufgeschnappt: «Meine Eltern waren im Begriff, ihre erste Luftreise anzutreten. Einer meiner vier Brüder hatte sie eingeladen, ihn und seine Familie zu besuchen. Vor dem Abflug schlossen sie die höchstmögliche Unfallversicherung ab und setzten mich als bezugsberechtigt ein. Mutter machte sich aber anscheinend so ihre Gedanken, denn als sie mir die Police übergab, sah sie mich durchdringend an und meinte mit mahnend erhobenem Zeigefinger: ‹Dass du mir ja mit den Geschwistern teilst!›»

1976 sagte Alfred Vermaaten, Chef der Lufthansa-Verkehrsfliegerschule: «Eher wird eine Frau Boxweltmeister als Lufthansakapitän.»

Im Bulletin Nr. 711 des britischen Luftfahrtsministeriums erschien ein 28 Zeilen langer Nachruf auf Leutnant Elbert du Crosses. Wie aus dem Wortlaut (1963 mitgeteilt) hervorgeht, handelt es sich bei dem Geehrten um eine Schildkröte, die als Geschwadermaskottchen zahlreiche Flugstunden hinter sich hatte und in den Leutnantsrang erhoben worden war.

Meldung aus dem Jahre 1970: «Die Kleidung der römisch-katholischen Ordensschwestern verändert sich so sehr, dass selbst Angehörige des Klerus sich manchmal nicht zurechtfinden. Bei einem Kongress für religiöse Erziehung sprach ein katholischer Teilnehmer im Fahrstuhl des Chicagoer Hotels, in dem der Kongress stattfand, eine Gruppe junger Frauen in einheitlicher Kleidung an. ‹Entschuldigen Sie›, sagte er, ‹aber ich bin mir nicht im klaren, welchem Orden Sie angehören.› Die jungen Damen machten erstaunte Gesichter. Dann erwiderte eine: ‹Wir sind Flugzeugstewardessen.›»

Aus dem Werbespot einer Luftverkehrsgesellschaft: «In unseren neuen Komfortmaschinen finden Sie vier Hostessen statt zwei, von ihren breiteren Sitzflächen nicht zu reden.»

1976 hörte ein Mitarbeiter des Nebelspalters im Flugzeug, wie ein junger, etwas überheblicher Passagier im Erstklassabteil zur Hostess sagte: «Sit wänn stelleds dänn da eigentlich Puuremaitli als Hostess aa?» Worauf die Hostess antwortete: «Sit d Puure erschti Klass flüged.»

Der amerikanische Milliardär Howard Hughes war ein leidenschaftlicher Pilot. Einmal flog er, so berichtete der Komiker Bob Hope, mit seinem Privatflugzeug, einer Constellation, von Hollywood nach San Diego. Den Rückweg nach Hollywood legte er mit einem Mitarbeiter im Auto zurück. Einige Wochen später telefonierte ihm die Flughafendirektion von San Diego: Wie lange er denn eigentlich seine Constellation noch in San Diego stehen zu lassen gedenke? Drauf Howard Hughes erleichtert: «Ach so, also bei Ihnen steht die Maschine? Ich wusste gar nicht mehr, wo ich sie stehengelassen hatte.»

Pressenotiz vom 15. August 1986: «Ein rasantes Geburtstagsgeschenk hat die britische Witwe Charlotte Hughes bekommen: Sie brauste mit doppelter Schallgeschwindigkeit in ihr 110. Lebensjahr. Den eineinhalbstündigen Rundflug mit dem Passagierjet Concorde über der Biskaya hatte ihr Wahlkreisabgeordneter Richard Holt arrangiert. Frau Hughes speiste an Bord, nippte am Champagner und bekannte den versammelten Pressephotographen, sie liebe all diese Feierlichkeiten: «Das gibt mir das Gefühl, als ob ich Mrs. Thatcher wäre.» Und: «Nächstes Jahr, wenn ich 110 werde, würde ich ganz gerne mit der Concorde nach New York fliegen.»

Mysteriöser «Nachruf» im Jahre 1976 aus dem «Stormarner Tageblatt».

Im brasilianischen Recife versuchten 1983 Journalisten erfolglos, die Crew eines der libyschen Flugzeuge zu interviewen, die festgehalten worden waren, weil sie Kriegsmaterial für Nicaragua an Bord gehabt hatten. Drei Buben von 11, 12 und 15 Lenzen baten als Vertreter ihrer Schulzeitung ebenfalls um ein Interview über den Zwischenfall, wurden auch abgewiesen, knüpften mit der Crew dann ein Gespräch über die Jugend in Libyen an und kamen so zu ihrem Interview. Als die Berufsjournalisten die Buben ausfragen wollten, reagierten diese: «Warten Sie auf unsere nächste Schulzeitungsnummer!»

Juli 1986: Fluggäste und Besatzungsmitglieder eines amerikanischen Jumbojets überwältigten auf dem Flug von Honolulu nach Los Angeles einen 25jährigen Mann, der plötzlich verrückt spielte. Er hatte mit den Worten, Stimmen in seinem Kopf sagten ihm, er sei ein Vogel und könne fliegen, versucht, den Notausstieg der Boeing 747 zu öffnen, als sich die Maschine in knapp 1000 Meter Höhe befand. Nach der Flugzeuglandung wurde er ins Spital zwecks Untersuchung seines Geisteszustands eingeliefert.

Anfang 1986: Beim gemütlichen Kaffeeklatsch vergassen Stewardessen der «Icelandair» ihren Dienstbeginn. Ihr Flugzeug hob schliesslich ohne sie ab. Der Pilot, der nichts bemerkt hatte, war in Reykjavik, Island, zu einem Inlandflug gestartet. Erst nach zehn Minuten klopfte einer der 44 Passagiere an die Cockpit-Tür, weil's nichts zu trinken gab: «Wo sind denn die Stewardessen?» Die Maschine kehrte nach Reykjavik zurück, wo der Kapitän die Damen in ein Gespräch vertieft vorfand. Eine Gazette dazu: «Die Belustigung der Passagiere über den Vorfall konnte die Flughafenverwaltung allerdings nicht teilen. Sie erklärte die Panne zu einem ‹ernsten Bruch der Sicherheitsbestimmungen›.»

Auch gegen hohes Honorar durfte Blödel-Ostfriese Otto Waalkes einige Szenen seines Films 1984 nicht in einem Jumbo von «Lufthansa» und «Pan Am» drehen. Die Boeing 707 sollte auf einem Flugzeugträger landen. Weil das «eben der Wirklichkeit nicht entspricht», wurde der Wunsch Otto und seinem Produzenten Wendlandt abgeschlagen. Hapag Lloyd half mit einem Airbus aus.

Saudamini Deshmukh, Pilotin der indischen Fluggesellschaft Indian Airlines, führte Anfang 1986 bei einem historischen Linienflug ihrer Gesellschaft das Kommando. Flug Nummer IC-258 von Silchar in Nordostindien nach Kalkutta wurde erstmals von weiblichem Personal allein abgewickelt. An Bord der 44sitzigen Maschine befanden sich ausser den Passagieren zwei Pilotinnen und zwei Stewardessen. Flugkapitänin Deshmukh, die seit 1980 fliegt und zuletzt Kopilotin auf einer Boeing 737 war, meinte anschliessend vor den Fernsehkameras, sie könne sich nicht über Diskriminierung am Arbeitsplatz beklagen.

Februar 1986. Über dem Mittelmeer flog eine US-Aufklärungsmaschine mit dem handgemalten Pappschild: «Send Cookies». Also im allgemeinen: «Schickt Kekse!» Nun, Spass muss auch im Ernst sein. Denn im US-Fliegerjargon bedeutet der Spruch: «Schickt Mädchen!» Die US-Flotte kreuzte seit einer Woche ohne Zwischenfälle vor der libyschen Küste.

Hermann Reichart, Hauptgeschäftsführer der Münchner Flughafengesellschaft, erhielt laut Süddeutscher Zeitung (Juni 1986) den Brief einer ihm unbekannten Dame, die ihm folgendes Angebot unterbreitete: «Erlaube mir die höfliche Anfrage, ob Sie nicht gelegentlich eine Mitfliegerin als eine Art Schutzengel brauchen könnten. Ich hatte bisher auf all meinen Flügen grösstes Glück. Es ist nie etwas passiert, und so möchte ich mich ganz kostenlos zur Verfügung stellen.»

Gedruckt ist gedruckt

US-Kenner Fritz Wirth liess am 10. August 1986 wissen: «Fliegen in Amerika heisst heute Zeit haben oder die Zeit vergessen können. Der Fahrplan amerikanischer Fluggesellschaften wurde zum Scherz. Das einzig Zuverlässige an diesen Flugplänen ist die Verspätung.»

Sein Rasierwasser brachte Hans von Richthofen auf dem Flughafen von Tokio in Schwierigkeiten. Laut *Stern*, Hamburg, fiel Zöllnern, die das Gepäck des 47jährigen Autohändlers aus dem bayrischen Warngau kontrollierten, ein Fläschchen der Marke «Hascish» auf. Die japanischen Beamten hielten den Herrenduft der italienischen Firma Veejaga für flüssiges Rauschgift. Drei Stunden lang wurde der Deutsche festgehalten, bevor das Missverständnis nach gründlichen Riechproben geklärt wurde. So geschehen im Sommer 1986.

Eine Überraschung erlebte «Rambo»-Darsteller Sylvester Stallone, 39, im Sommer 1986 auf dem Kopenhagener Flughafen. In riesigen Lettern prangte auf seinem Jet die Anschrift «Ho Chi Minh Air». Zehn Mitglieder der Aktionsgruppe «Bunter Klecks» hatten mit einer Drahtschere ein Loch in den Flughafenzaun geschnitten und die Boeing 727 bemalt. US-Filmstar Stallone, der sich als Rambo besonders durch brutales Niedermetzeln kommunistischer Vietnamesen hervortat, war laut *Stern* erschüttert darüber, dass «so etwas im friedlichen Dänemark geschehen kann». Einen Tag vor dem «Sabotageakt» hatte eine Anti-Terror-Einheit der dänischen Polizei acht Stunden lang auf dem Flughafen VIP-Schutz trainiert.

«Und aus den Wiesen steiget / der weisse Nebel wunderbar.» Dieses Dichterwort zitierte 1984 die *Süddeutsche Zeitung* und sinnierte: «Man darf Zweifel daran hegen, ob diese meteorologischen Folgen kondensierten Wasserdampfs in Bodennähe beispielsweise von jenen Autofahrern als ‹wunderbar› empfunden werden, die zumal auf unseren Schnellstrassen Massenkarambolagen in Kauf nehmen, weil sie es so eilig haben. Auch das zivile Luftverkehrsgewerbe, das seine Flughäfen, wie es scheint, mit Vorliebe an notorisch nebelgefährdeten Punkten zu planen pflegt, dürfte gänzlich ausserstande sein, den Bodennebel poetisch zu begreifen.»

Lärm wie beim Start eines Flugzeugs: Musiker im Orchestergraben leiden, so im August 1986 gemeldet, nach einer Studie der Freien Universität Berlin (FU) zeitweise unter einer Lärmbelästigung, die der eines startenden Flugzeuges gleicht. Bei Schalldruckpegelmessungen in der Deutschen Oper registrierten die Wissenschaftler Spitzenwerte von 130 Dezibel im Orchestergraben. Bereits Schallpegel ab 85 Dezibel können auf Dauer zu Gehörschäden führen.

Notiz aus Neu-Delhi im August 1986: «Ministerpräsident Gandhi (Ex-Pilot) will nur noch mit dem europäischen Airbus fliegen, nachdem seine Boeing 707 in Moskau notlanden musste.»

Nach dem Guinness-Buch der Rekorde, Ullstein Verlag, Berlin, ist der 1950 geborene Michel Lotito aus Grenoble in Frankreich der «grösste Allesfresser!» Mit neun Jahren begann er Metall und Glas zu essen. Seit 1966 verschlang er unter anderem sieben Velos, einen Supermarktkarren, sieben Fernsehapparate und ein Sportflugzeug vom Typ Cessna. So gemeldet im Jahre 1985.

Im August 1986 erfahren: «Frauen auf dem Weg ins Cockpit. Während bei der Crossair und der Swissair-Tochter CTA bereits Frauen aktiv als Kapitän oder als Co-Pilotin fliegen, hat nun bei der Swissair eine zweite Frau (die erste befindet sich noch immer in Ausbildung) das Auswahlverfahren zum Einstieg in die Schweizerische Luftverkehrsschule SLS bestanden und damit die erste Hürde auf dem Weg ins Cockpit einer Swissair-Maschine überwunden. Jährlich melden bis zu 30 Frauen ihr Interesse an einer SLS-Pilotenausbildung an; daneben wollen noch bis 600 Männer jährlich Pilot werden. Der Bedarf der Swissair liegt derzeit bei rund 60 Kandidaten pro Jahr.»

Die *Frankfurter Allgemeine* 1977 über die Entführer, die im Namen von «Martyr Halima» den Lufthansa-Jet «Landshut» entführt hatten: «Halima ist für die Muslims einer der Namen Allahs. Er hebt die Geduld und die Sanftmut des Allerhöchsten hervor. In klassischer arabischer Sprache bezeichnet das Wort auch manchmal das fette Kamel. Auf Sanftmut weist auch die weibliche Form Halima hin: man könnte dabei auch an eine fette Kamelstute denken. Gabriele Kröcher-Tiedemann aber war weder sanftmütig noch ein Kamel. Sie wurde von den Entführern von Peter Lorenz freigepresst und durfte nach Aden ausreisen.»

Im Sommer 1986 starb laut Nachrichtenmagazin *Der Spiegel* Monsignore Horan, der Erbauer des «sinnlosesten Flughafens der Welt» *(New York Times)* auf einer Wallfahrt. James Horan, Pfarrverweser des Kirchsprengels Knock im Nordwesten Irlands (County Mayo), kam 1979 in den Genuss der Offenbarung, es sei des Himmels Wille, dass seine Pfarrei unbedingt einen internationalen Flugplatz bekommen müsse. Zwar hat Knock nur 450 Einwohner. Aber die gegründete priesterliche Flughafengesellschaft (mit 4000 Franken Eigenkapital) baute mit eilig zusammengebettelten Spendengeldern tatsächlich einen Airport: 2,5 Kilometer Landebahn, Kontrollturm mit modernster Elektronik, Abfertigungshallen, Duty-Free-Shop, alles ausgelegt für 400 000 Passagiere pro Jahr und Flugzeuge bis Jumbo-Grösse. Einweihung: Oktober 1985. Im Sommer 1986 startete Horan mit einer Gruppe zur ersten Pilgerreise nach Lourdes, Tage später landete er wieder auf seinem Flughafen im Sarg. Er war in Lourdes mit 74 Jahren gestorben. In den ersten 10 Monaten landeten nur 4000 Pilger in Knock; die Kostendeckung beginnt bei 250 000 Personen pro Jahr!

Rarität im September 1984: Nach zwölfjähriger Dienstzeit wurde ein Pilot der Eastern Airlines wegen «psychischer Instabilität» entlassen, nachdem er durch eine Operation zu Frau Karen F. Ulane geworden war. Ein Berufungsgericht hob das Urteil einer unteren Instanz auf: die Entlassung, erklärte es, sei keine Diskriminierung der Frau. Begründung: die 43jährige Pilotin sei entlassen worden, weil sie transsexuell sei und nicht weil sie eine Frau sei. Die amerikanische Bürgerrechtsakte verbiete nicht die Diskriminierung einer Person, die Schwierigkeiten mit ihrer geschlechtlichen Identität habe.

Zeitungsmeldung vom 23. August 1986: «In einer Höhe, die er selbst mit dem grössten Gewaltsprung nicht erreichen würde, kollidierte unlängst ein Hase mit einem Passagierflugzeug. Des Rätsels Lösung: Ein Greifvogel, der dem startenden Flugzeug ausweichen wollte, liess seinen Sonntagsbraten, in diesem Fall eben den Hasen, fallen. So tragikomisch das Ganze tönt, gefährlich sind diese Begegnungen zwischen Tier und Flugmaschine allemal, wie die deutsche Pilotenvereinigung Cockpit verlauten liess. Weltweit ereignen sich auf 10 000 Flugbewegungen etwa vier Kollisionen mit Tieren, in der Regel mit Vögeln.»

Beim Ausmessen der Uniformen für ihre Stewardessen hat die Fluggesellschaft «Dan Air» laut *Neuer Revue* 1986 festgestellt, dass der Hüftumfang ihrer «Luftkellnerinnen» in den vergangenen 20 Jahren um fünf Zentimeter zugenommen hat. Waren die Durchschnittsmasse im Jahre 1966 noch bei 91-60-91, so lagen sie 1986 bei 91-60-96. Wie sich dies hinsichtlich der Mehrkosten fürs Uniformtuch auswirkt, gab «Dan Air» nicht bekannt.

Zum Thema Fliegen gab die Ratgeberin «Frau Olga» auf der Humorseite des *Sterns* 1975 dieses zum besten: «Mein Junge, schreibt Frau B. aus Roth, / hat viele Möglichkeiten offen. / Doch nein! Pilot wird er – Pilot, / wo man stets bangen muss und hoffen / ob der Gefahr im Flugverkehr …/ Frau Olgas Trost: Zu Fuss sind's mehr.»
Und das Problem eines Flugpassagiers sowie Frau Olgas Rat: «Kursänderung, Entführung, Pannen – das alles wäre mir noch recht, / könnt' ich das eine Übel bannen: / Sobald ich fliege, wird mir schlecht! / Was tun? fragt Anton K. aus Mayen. / Frau Olga rät: Na, was schon – speien!»

Die Vorbilder unserer Fliegerei, die Vögel, können es selbstverständlich punkto Tempo nicht mit unseren Flugzeugen aufnehmen. Immerhin wurden für verschiedene Vogelarten erstaunliche Höchstgeschwindigkeiten ermittelt. Untere Stufe: Blaumeise 33,6 Stundenkilometer, Kuckuck 43,2, Amsel 52,8, Buchfink 56,0. Auf 56 Stundenkilometer bringt es, bei 13 Flügelschlägen in der Sekunde, auch unser Hausspatz.
Für Brieftauben hingegen wurde die Höchstgeschwindigkeit von 93,92 Stundenkilometern ermittelt, und das über eine Strecke von rund zweieinhalb Kilometern. Dieser Rekord wurde während des Zweiten Weltkrieges von Brieftauben der Royal Air Force aufgestellt. Die schnellste Geschwindigkeit, die bisher bei

einer Reisetaube gemessen wurde, beträgt jedoch 167 Stundenkilometer, gemessen in England, allerdings bei kräftigem Rückenwind.

Und den weitesten bisher festgestellten Weg eines Vogels legte eine Küstenseeschwalbe zurück, die am 5. Juni 1955 etwa 200 km von Murmansk (UdSSR) entfernt nestjung beringt wurde. Ein Fischer fand sie am 16. Mai 1956 bei Fremantle, Westaustralien. Auf seinem Weg legte der Vogel über 23 000 km zurück.

Noch schneller als Brieftauben sind erstaunlicherweise Kanadagans, Stockente, Spiessente, Krickente und Regenpfeifer mit Spitzen von 96 Stundenkilometern.

Der britische Unternehmer Richard Branson, der mit den Millionen aus seinem Platten- und Filmunternehmen unter die Billigflieger ging, bot nach einer Information des *Spiegel*-Magazins vom Dezember 1984 den Flug London–New York und umgekehrt zum Nulltarif für Showkünstler, zunächst bis März 1985! «Bedingung: sie müssen auf dem Weg von Kontinent zu Kontinent fünf Vorstellungen über den Wolken geben – egal, ob sie singen, spielen oder zaubern. Pro Flug der Virgin Atlantic Airways kommt allerdings immer nur *ein* Künstler in den Genuss des Freitickets. Die Konkurrenz gibt sich vorerst gelassen. Ein Sprecher von British Airways: ‹Die Zeit, die man mit der Concorde spart, ist Musik genug für unsere Passagiere.›»

Im September 1986 erfahren: Die trächtige Stute Véronique stand friedlich grasend auf einer Koppel bei Lyon, als plötzlich neben ihr mit Getöse ein Heissluftballon notlandete, aus dessen Korb sechs blasse Menschen krochen. Vor Schreck erlitt sie eine Fehlgeburt. Ihr Besitzer verklagte die Ballonfahrer auf 100 000 Mark Schadenersatz, «weil das Fohlen später einmal ein Rennpferd werden sollte».

«Wenn das Lachen im Hals steckenbleibt» lautete der Titel eines Artikels in der *Süddeutschen Zeitung*, August 1986. Darin nachzulesen: «Kurz vor dem Start nach New York war für die Passagiere des zweistrahligen Airbus A 310 der Pan American World Airways (PanAm) auf dem Hamburger Flughafen Fuhlsbüttel die Welt des Fliegens noch heil. Ein Kamerateam der amerikanischen Fernsehgesellschaft CBS hatte Filmaufnahmen gemacht, um einen Beitrag über die Problematik des Fliegens von zweistrahligen Flugzeugen über lange Wasserstrecken zu illustrieren. Die meisten Fluggäste lachten in die Kamera und versicherten, sie hätten keine Angst vor dem Flug.

Kurz nach dem Start fiel – wie der Zufall so spielt – ein Triebwerk aus, und die Maschine musste umgehend wieder in Fuhlsbüttel landen. Die Fernsehleute nutzten die Gelegenheit, die Fluggäste aufs neue zu interviewen. Vielen von ihnen war das Lachen im Hals steckengeblieben. Die meisten hatten ihre Ansichten über die Sicherheit zweimotoriger Flugzeuge abrupt geändert.»

Flugkapitän und Autor Rudolf Braunburg (Buch: «Bitte anschnallen!», bei Kumm), verriet 1961 unter anderem «Rezepte», darunter einen Stewardessen-Cocktail namens «High life»: Ein Glas mit drei Strohhalmen, 2 Drittel herben Lebens-Vermouth, 3 Esslöffel Erinnerungen an Mittelmeerstrand und Copacabana mit einigen pikanten Hotel-Erlebnissen würzen, mehrere bittersüsse Hemingway-Liebestropfen hineinträufeln, einen geschälten Paradies-Apfel, mit allen Wassern gewaschen, hinzufügen, mit zwei Dutzend Heiratsanträgen und einer Reihe Enttäuschungen vermischen und mit tropischer Sonnenbräune abspritzen.

Pressemeldung August 1986: «Bibelfest. Es war am 12. Sonntag nach Trinitatis, dem 17. August. In der As-Kirche im dänischen Juelsminde predigte Pastor Carsten Nargard über jene Bibelstelle im Jakobusbrief, Kapitel 3, wo es in Vers 7 und 8 heisst, dass man alle Tiere der Welt zähmen kann, nur nicht die menschliche Zunge. In diesem Augenblick wurde der Geistliche von einer im Sturzflug herabsausenden Fledermaus angegriffen. Geistesgegenwärtig griff der Geistliche zur Bibel und schlug die Fledermaus – während der Gemeinde der Atem stockte – mit der Heiligen Schrift tot. Die tote Fledermaus soll auf Tollwut untersucht werden.»

Als 1962 amerikanische und deutsche Flugzeuggesellschaften die Einführung besonderer Flugzeuge mit Feinschmeckerküche für ein- bis zweistündige «Essflüge» planten, kommentierte Bö im Nebelspalter gereimt:
Freunde o vernehmt die traurige Ballade
Von dem Schlemmerbombergast, der Schlemmke hiess
Und die reiche Tafel eines Tags gerade
Als das Dessär kam, mit einem Görps verliess

Denn ihm war von Schnepfendreck und Kaviaren
Und von Hummer, Sekt und Schnecken
nicht mehr gut,
Schlemmkes allerallerletzte Worte waren:
Frische Luft ist's, was mir plötzlich besser tut.

Solches sagend trat er aus, und ach, ins Leere,
Schade, dachte er, so war es nicht gemeint,
Seiner Flugbahn folgte eine schwere Zähre,
Vom Air-dining-room dem Stammgast nachgeweint.

Der Country-Sänger Larry White begleitete singend eine Gesellschaft, die in St. Paul (Minnesota) einen Flugzeugausflug machte. Er sagte über Bordtelefon: «Eine schlechte Nachricht: Das Fahrwerk klemmt. Eine gute: Unser Pilot ist erfahren.» Alle lachten, nur eine alte Dame nicht. Sie erlitt einen Schock und verklagte den Sänger, wie die *Bild-Zeitung* 1985 meldete, auf 750 000 Mark Schmerzensgeld.

Der Berner Illustrator Balthasar Anton Dunker (1746–1807) zeichnete um 1800 dieses Spott-Ballonbild eines Friedenskongresses über Bern hoch in den Lüften, wobei sich «ein Bote mit einem Fall-Schirm» vorsichtigerweise vom allgemeinen Diskussionsgremium absetzt.

Aus St. Moritz meldete die deutsche *Quick* im Januar 1985: «Fredy Wissel, im März schon 80, fliegt mit seiner einmotorigen Maule aus USA, einem Buschflugzeug mit 210 PS, immer noch prominente Gäste auf die Gletscher. Der Mann, der seit 1947 den weissen Traum ansteuert, hat schon Unglaubliches durchgemacht: Einmal brach ihm bei einer Gletscherlandung die rechte Kufe des Fahrgestells ab. Er spannte einen seiner Gäste, einen Skilehrer, ein. Der musste die rechte Tragfläche hochhalten, das Flugzeug glitt den Gletscher bergab, der Skilehrer warf sich im letzten Augenblick zur Seite, Wissel hob ab zum Flug nach Samedan – wo er elegant auf einer Kufe im Tiefschnee landete.»

Unter das Washingtoner Artenschutzabkommen fallende «Gegenstände», die der Zoll auf dem Flughafen München Riem beschlagnahmt hatte, wurden in den Asservatenkammern des Zollamtes in Regalen gestapelt: Präparate, Felle und Häute, Schildkrötenpanzer, Schlangen- und Krokodilhandtaschen oder Geldbeutel, eine Schlangenjacke, Mäntel aus Leopardenfell und Wolfspelz, Gitarren aus Karettschildkröte, Aschenbecher aus Krokodilköpfen und diverse Figuren und Schmuck aus Elfenbein. 1985 war entschieden, was damit geschehen soll: Die Gegenstände, gefertigt aus von der Ausrottung bedrohten Tieren, gehen kostenlos an Institute, Museen und Schulen. Vor Auflösung der Sammlung im Keller des Zollamtes wurde aber noch eine Ausstellung in der Abflughalle des Flughafens geplant.

Kennen Sie den?

«Meine Arbeitszeit vergeht immer im Flug.»
«Was sind Sie denn von Beruf?»
«Pilot».

Ein Zöllner am Flugplatz zu seinen Kollegen: «Hoffentlich landet bald ein Flugzeug aus dem Ausland, ich habe keine Zigaretten mehr.»

Flugschule in der guten alten Zeit: «Angenommen», sagt der Fluglehrer, «Sie sitzen am Steuer eines Zweisitzers, und Ihr Fluggast, der Bundespräsident, fällt aus dem Flugzeug. Was machen Sie?»
Ein Flugschüler: «Ich würde mir eine Kugel durch den Kopf jagen.» Ein zweiter: «Zum Sturzflug ansetzen und den Mann in der Luft aufzufangen versuchen.» Ein dritter Schüler: «Nach Australien auswandern.»
«Alles Mumpitz», sagt der Fluglehrer. «Was Sie als erstes zu tun haben: Maschine umtrimmen und dadurch den Gewichtsverlust hinten ausgleichen.»

«Wo hast du denn dein blaues Auge her?»
«Ich erzählte dir doch gestern von der rassigen Rothaarigen, deren Freund nach Amerika fliegen wollte – also, der Bursche hat das Flugzeug verpasst.»

Gereimte Bauernweisheit 1985: «Stürzt die Phantom auf das Haus, stürzen alle Bauern raus.»

«In dieses Flugzeug kriegst du mich nicht! Erst neulich habe ich gelesen, dass diese Fluggesellschaft letztes Jahr 5 Prozent ihrer Fluggäste verloren hat.»

Die Maschine gerät in ein lausiges Unwetter. Die Flugpassagiere sind höchst unruhig. Bis auf einen. Die Hostess zu ihm: «Ich gratuliere Ihnen zu Ihren ausgezeichneten Nerven. Macht Ihnen dieser gefährliche Sturm überhaupt keinen Eindruck?»
Der Flugpassagier seelenruhig: «Warum auch? Wenn dieser Vogel abstürzt, verliere ja nicht *ich* meinen Job, sondern *Sie!*»

Ein Mann beschwert sich beim Taxiunternehmen: Er warte noch immer auf das Taxi, das er längst bestellt habe und das ihn zum Flughafen bringen sollte. Die Frau am Apparat bedauert, bittet um etwas Geduld und sagt tröstend: «Machen Sie sich keine Sorgen, das Flugzeug fliegt ohnehin nie pünktlich ab!» Drauf knurrt der Anrufer: «Heute ganz sicher nicht, ich bin nämlich der Pilot.»

Ein Amerikaner, ein Russe und ein Schweizer unterhalten sich über ihre Kampfflugzeuge. Der Amerikaner: «Wir besitzen ein Kampfflugzeug, in dem eine ganze Kompanie Soldaten von 150 Mann samt ihren Waffen Platz haben.» Der Russe steigert: «Wir haben ein Kampfflugzeug, das mühelos ein ganzes Regiment samt Zubehör aufnimmt.» Worauf der Schweizer anschliessend freundlich berichtet: «Eines unserer Kampfflugzeuge war neulich unterwegs. Der Pilot hörte ein leises Summen. Man hielt auf sein Kommando Nachschau und entdeckte: Im WC des Kampfflugzeuges muss jemand das Fenster zu schliessen vergessen haben, denn um die WC-Lampe kreisten je ein russisches und ein amerikanisches Kampfflugzeug.»

«Warum sind Sie bei den Fliegertruppen weg und haben sich umteilen lassen?»
«Weil ich mich nur bei geöffneten Fenstern wohl fühle.»

Fliegen einmal anders! Aus Österreich gehört: Adler haben im allgemeinen eine Flügelspannweite von 2,4 Metern, über Österreich aber nur 1,2 Meter. Grund: Mit einem Flügel decken sie ihre Augen zu, um das Elend drunten im Lande nicht sehen zu müssen.

Nur an Hundstagen zu überdenken: Was ist das: es ist ganz, ganz still? – Antwort: Ein Düsenflugzeug, dem der Treibstoff ausgegangen ist.

Er: «Dieses Jahr fliegen wir in den Ferien nach Amerika.»
Sie: «Aber wir sollten heuer wirklich endlich an unsere Schulden denken.»
Er: «Das können wir ja auch in Amerika.»

Eine Passagiermaschine einer kleinen Inlandfluggesellschaft fängt Feuer. Der Pilot strebt, mit Fallschirm ausgerüstet, dem Ausgang zu und ruft den Passagieren zu: «Machen Sie sich bitte keine Sorgen, ich springe nur ab, um unten Hilfe anzufordern!»

«1945 hat mein Vater noch einen Flieger mit der Mistgabel heruntergeholt.»
«Vom Himmel?»
«Nein, vom Heuboden in der Scheune, wo er mit meiner Schwester flirtete.»

Ein prominenter Fallschirmspringer, der sich als Fluggast privat in einem Passagierflugzeug befindet, wird kreidebleich, als die Maschine zur Landung ansetzt. Die Hostess: «Ist Ihnen nicht gut?»
Und der Prominente: «Es ist entsetzlich für mich, zum erstenmal in meinem Leben steige ich auf einem Flugplatz aus.»

Radio Eriwan auf die Frage, ob man verhüten könne, dass bei neuen Armeeflugzeugen Russlands häufig die Flügel in der Luft abreissen:

«Im Prinzip ja. Man muss die Flügel perforieren. Dank Erfahrungen mit russischem WC-Papier weiss man: Es reisst überall, ausser dort, wo es perforiert ist.»

«Ich werde Flughostess», sagt ein Mädchen zur Freundin, «da lernt man am leichtesten einen reichen Mann kennen.»

Die Freundin: «Da brauchst du doch nicht zu fliegen. Verkehrst an einem eleganten Strand, ziehst einen knappen Bikini an, und schon klappt's. Männer hat's genug.»

«Das schon, aber im Flugzeug ist's ungefährlicher, da sind sie angeschnallt.»

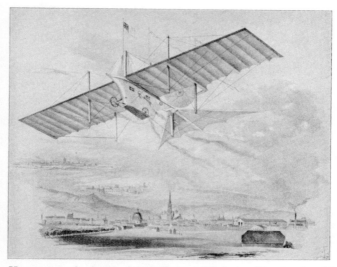

Hensons englischer Luftdampfwagen blieb eine Utopie, obwohl dieses Modell durch eine Parlamentsakte patentiert wurde.

Ein Bauer zu einem Nachbarn, während eine Flugstaffel über das Dorf donnert: «Die einzig richtige Einstellung zu den Flugzeugen hatte man zu Leonardo da Vincis Zeiten. Da Vinci hat sie entworfen, und keiner hat sie gebaut.»

Ein Fallschirmspringer zum andern: «Wenn man so durch die Luft fliegt, sehen die Menschen auf der Erde aus wie Ameisen.» Drauf der andere: «Um Himmels willen, zieh die Leine, es *sind* Ameisen!»

Ein Sowjetarbeiter liest die *Prawda* und sagt zum Kollegen: «Da steht, dass die Regierung jetzt nur noch Düsenflugzeuge auf den Strecken ins Ausland einsetzt.»
Der Kollege: «Und wann setzen sie die Düsen in den Passbüros ein?»

Eine Frau gibt ihr Gepäck am Flughafen auf. Der Angestellte, leicht forsch: «Sie haben Übergewicht.»
«Junger Mann», sagt die Frau ungehalten, «so brutal brauchen Sie mir das nicht zu sagen.»
Der Angestellte: «Ich meine doch nicht Sie, sondern Ihre Koffer.»

An Flugbord wird das Essen serviert. Ein Passagier zur Hostess: «Bitte, nehmen Sie dem Herrn neben mir den Frass weg, sonst verstehe ich die Durchsagen nicht!»

Die Nachbarin zur Gattin des Kunstfliegers: «Haben Sie keine Angst, wenn Ihr Mann so wahnsinnige Loopings fliegt?»
«Klar gibt's mir jeweils zu denken. Er trägt doch immer sein ganzes Kleingeld lose in der Vestontasche herum.»

Grossmama ist zum erstenmal in einem Helikopter unterwegs und fragt den Piloten: «Mir zieht's, könnten Sie nicht den Ventilator da oben abstellen?»

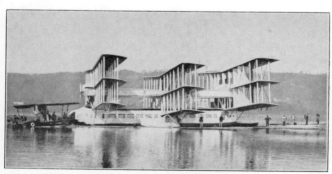

Der Caproni-Dreidecker 1921 war eines der kuriosesten Flugzeuge der gesamten Geschichte der Aviatik.

Was fliegt denn da?

Wer, wie der Autor dieses Bändchens, nur ein Trompetenstösschen vom Zürcher Kinderspital entfernt wohnt, hat mit Hubschraubern – so heissen die Dinger in Deutschland – ordentlich häufig Kontakt. Weil sie täglich mit Patienten auf dem Spitaldach landen und ebendort auch abheben.
Durch diese optische und vor allem auch akustische Beziehung «sensibilisiert», wie das heutzutage so schön heisst, habe ich allezeit notiert, wie der Helikopter, der «Heli», in Schüler- und Erwachsenen-, in Zivil- und Armeekreisen sonst noch genannt wird. Da gibt es die wortspielerischen Bezeichnungen wie Helioktober, Helikopeter oder Kilohelipter, von denen namentlich die ersten beiden sehr verbreitet sind.
Hinzu kommen Blechschwalbe, Flügelbanane, Käfermühle, Drehwurm, Sommervogel, Stechmücke, Ringelum, Ringsumobsicheib, Nidelschwinger, wegen des Geräusches auch Hornisse und Teppichklopfer, oder wegen des Senkrechtstarts Benzinlift und Benzinlibelle. Überdies, in der Armee besonders verbreitet, Kreiselmäher und Rüeblirüschter. Gelegentlich auch Wolkenventilator und Ofenrohr mit Propeller. Dann natürlich, wie bei den Angelsachsen, Chopper und, sinngemäss entsprechend, Schnätzler.
Auch mit Wehrsteuerventilator ist der Helikopter gemeint. Das erinnert an die noch immer gängige Bezeichnung Wehrsteuer-Zerstäuber für die «Mirage»-Flugzeuge, die in Fliegerkreisen auch Glätteisen heissen. Für Flugzeuge allgemein gelten etwa Kahn, Göppel, Kiste, Vogel, Schlitten, Benzinmöwe, Knallvogel, Stahlamsel, Himmelssarg. Und alte Flugmaschinen sind Schinken, Schwarten, lahme Enten, Schaukeln, Dampfer. Der Doppeldecker: Hühnerhof.
Unter Schiit, Schwirbel, Bräämeschüücher, Latte, Quirl, Ventilator und Luftschruube hat man Propeller zu verstehen. Der Pilot ist der Heizer; statt Auftanken

hört man «de Chessel fülle». Die «Propellerputzer» und «Schrüübelibrüeder» sind die Flugzeugmechaniker. Und die Triebwerke des «Tigers» heissen «Staubsauger», die Flugzeugkanzel ist das «Gewächshaus». Fürs Training steht in der Halle der Flugsimulator bereit, meist erwähnt als Flipperchaschte, Schwitzchaschte, Geischterbahn.

Der Fallschirmjäger: «Abspringer, Abfallschirmspringer, Fallobst, Schirmflicker». Dem Trainsoldaten geben die Flieger eins ans Bein: «Güggelpilot», weil das Ross im Militärdienst auch Güggel heisst. Der Deltasegler, der mit der Armee direkt nichts zu tun hat, ist bei ihnen ein «Blache-Hunter». Das Bodenpersonal läuft auch unter dem Spitznamen «Flugplatzmuuser», die Fliegerabwehr unter «Giraffe-Artillerie» und «Fluglärmbekämpfer». Die Flabkanone wird «Chräje-Jeger» genannt.

Die gute alte JU-52 ist bürgerlich, und man kennt sie unter Spitznamen wie Tante Ju, Tante Judela, Tante Junkers, Grossmutter, Wellblechmatrone. Der Flugzeugtyp «Tiger» (F 5) hat es im Soldatenjargon zu Bezeichnungen wie Lego-Flugzeug, Leimtube, Leukoplastbomber, seit kürzerer Zeit auch zu Delamuraz-

Die «Flïegende Sau» der Imperial Airways flog in den dreissiger Jahren die Strecke London–Paris–Basel.

Fasan gebracht. Und die «Bücker» zu Kinderwagen, «Venom» und «Vampire» zu Lötlampe und Nüsslibomber, «Hunter» zu Petrolschleuder und Nebelkrähe.

Kurzer Blick ins Ausland: 1985 verkaufte England 48 «Tornados», Jagdbomber, 30 «Hawk»-Trainingsflugzeuge und dazu die Bewaffnung an Saudi-Arabien, ferner Ausbildungsprogramme für die Piloten, Ersatzteile und Radareinrichtungen, alles zusammen für etwa zehn Milliarden Franken. Laut *Spiegel* protestierte Israel sogleich, denn die Jagdbomber sollten im saudischen Tabuk stationiert werden, keine 200 Kilometer von der israelischen Hafenstadt Eilat entfernt. Und diese Jagdbomber seien so vielseitig verwendbar, dass Flieger sie als «eierlegende Wollmilchsauen» bezeichneten.

Doch zurück in lieb Heimatland: Wer den Ausdruck «Swiss Micky Mouse Air» zu hören bekommt, muss wissen: damit ist die schweizerische Luftwaffe gemeint. Im Gegensatz zur zivilen, in Fliegerkreisen oft scherzhaft «Cheesemaker Airline» genannten Swissair. «Fresh Air» hingegen ist ein Phantasiename für irgendeine Luftlinie, die man nicht beim Namen nennen will. Dass endlich die Amerikaner die seit ein paar Jahren übliche Swissair-Flugzeugbemalung (hell- und dunkelbraun plus rote Seitensteuer) mit der Bezeichnung «double shit with red» umschreiben, ist zwar nicht überwältigend salonfähig, aber halt Tatsache.

Im Nebelspalter-Verlag sind von Fritz Herdi
Anekdoten- und Witzsammlungen als Taschenbücher
unter folgenden Titeln erschienen:

Kommt ein Vogel geflogen ...

Kännsch dä?

Verzell no eine!

Häsch dä ghört?

Häsch en Parkplatz?

Wänns chlöpft, no en Meter!

Färnseh-Witz vom Herdi Fritz

Sehr geehrtes Steueramt!

Polizeischtund, mini Herre!

Fräulein, zale!

Fürio!

O du heiliger Sankt Florian!

Zum Glück gibt's Bier!

Zu Befehl, Korporal!

Haupme, Füsilier Witzig!

Liebes Brautpaar!

Nebelspalter-Verlag
9400 Rorschach